阅读中国·外教社中文分级系列
Reading China SFLEP Chinese Graded Readers

U0558612

总主编 程爱民

文化中国

Facets of Chinese Culture

编者 刘璟之

四级主编 刘 影

四级

3

上海外语教育出版社
SHANGHAI FOREIGN LANGUAGE EDUCATION PRESS

主编的话

　　每个学习外语的人在学习初期都会觉得外语很难，除了教材，其他书基本上看不懂。很多年前，我有个学生，他大学一年级时在外语学院图书室帮忙整理图书，偶然看到一本《莎士比亚故事集》，翻了几页，发现自己看得懂，一下子就看入了迷。后来，他一有空就去图书室看那本书，很快看完了，发现自己的英语进步不少。其实，那本《莎士比亚故事集》就是一本牛津英语分级读物。这个故事告诉我们，适合外语学习者水平的书籍对外语学习有多么重要。

　　英语分级阅读进入中国已有几十年了，但国际中文分级教学以及分级读物编写实践才刚刚起步，中文分级读物不仅在数量上严重不足，编写质量上也存在许多问题。因此，在《国际中文教育中文水平等级标准》出台之后，我们就想着要编写一套适合全球中文学习者的国际中文分级读物，于是便有了这套《阅读中国·外教社中文分级系列读物》。

　　本套读物遵循母语为非中文者的中文习得基本规律，参考英语作为外语教学分级读物的编写理念和方法，设置鲜明的中国主题，采用适合外国读者阅读心理和阅读习惯的叙事话语方式，对标《国际中文教育中文水平等级标准》，是国内外第一套开放型、内容与语言兼顾、纸质和数字资源深度融合的国际中文教育分级系列读物。本套读物第一辑共 36 册，其中，一—六级每级各 5 册，七—九级共 6 册。

　　读万卷书，行万里路，这是两种认识世界的方法。现在，中国人去看世界，外国人来看中国，已成为一种全球景观。中国历史源远流长，中国文化丰富多彩，中国式现代化不断推进和拓展，确实值得来看看。如果你在学中文，对中国文化感兴趣，推荐你看看这套《阅读中国·外教社中文分级系列读物》。它不仅能帮助你更好地学习中文，也有助于你了解一个立体、真实、鲜活的中国。

程爱民

2023 年 5 月

目录

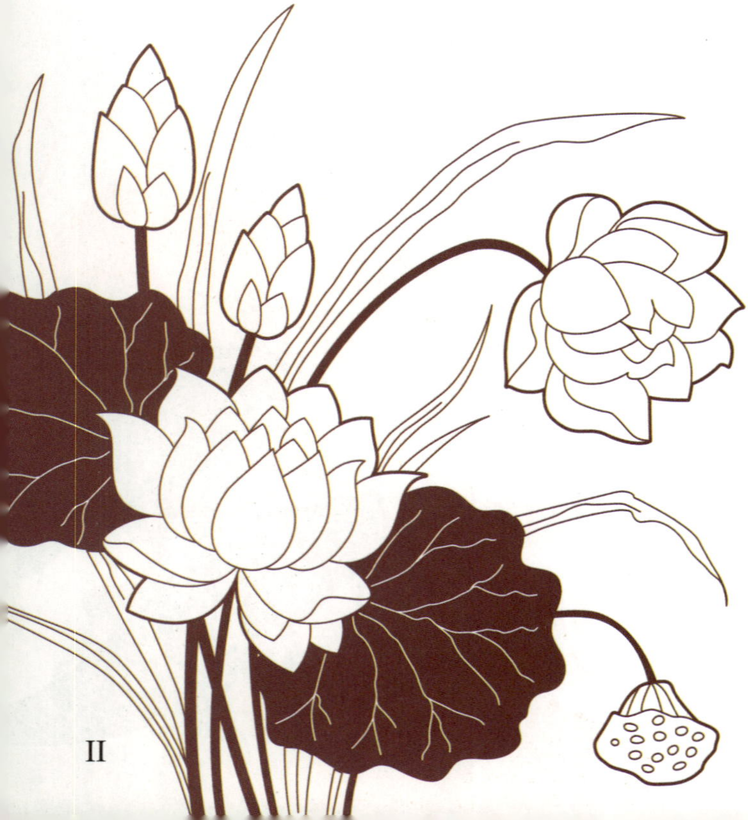

1 梅兰竹菊四君子

　　明代，有一本书叫《梅竹兰菊四谱》，里面有一百多张植物画。在书中，梅、竹、兰、菊被称为"四君子"。"君子"的意思是高尚、有学问的人。这个概念对中国人来说非常重要，是做人的标准。书中认为，这四种植物优美、高尚，使人的精神和身体都变得干净，能代表君子的高尚品质。后来，人们就用"四君子"来称梅、竹、兰、菊了。由于"梅竹兰菊"读起来有点儿奇怪，人们就把"梅竹兰菊"改成了"梅兰竹菊"，正好对应"冬春夏秋"四个季节。

　　人们喜欢在家里养梅兰竹菊，不仅是因为这四种植物非常美丽，可以让家中的环境也变得优美，还因为人们从它们身上看到了坚强、独立、谦逊、淡泊……而这些正是君子具备的品质。

　　梅花，冬季在雪中也坚强地开放，有浓浓的花香，是中华民族精神的代表。诗句"宝剑锋从磨砺出，梅花香自苦寒来"，就是用梅花告诉人们，想要取得成就，会经历一些考验。在人生中，我们遇到困难的时候，更要坚强，只有这样，才能到达我们希望到达的地方。

　　兰花，安静地开在深山中，淡淡的色彩，淡淡的花香。它并不像别的花，用浓浓的花香吸引人们。不管是否被人注意，兰花始终保持着独立的精神。郑板桥曾写："兰草已成行，山中意味长。坚贞还自抱，何事斗群芳。"可能我们不能吸引很多人的注意，但没关系，只要坚持做好自己就行了。

　　竹子，四季常绿、生命力极强，等竹子长高了，又变成了空心，代表着谦逊。苏轼曾说："宁可食无肉，不可居无竹。"做人一定要像竹子一样谦逊，不轻易动摇。

菊花，盛开在深秋，它们不害怕寒冷，不害怕独自开放。陶渊明 (Táo Yuānmíng) 有诗："采菊东篱下，悠然见南山。"人们认为菊花代表了追求自然、淡泊名利的精神。

艺术家、文学家们喜欢写梅兰竹菊、画梅兰竹菊，是希望让人们了解他们的追求，了解他们心中的君子。梅兰竹菊体现了中华民族深厚的文化精神。所以，直到今天，梅兰竹菊仍然是中国人最喜爱的植物，它们常常出现在人们的生活里，像人们的老朋友、好老师，似乎在时刻提醒大家，要不断成为更加优秀的人。

本级词

植物 zhíwù | plant

高尚 gāoshàng | noble

学问 xuéwen | learning, knowledge

优美 yōuměi | graceful

品质 pǐnzhì | character

季节 jìjié | season

独立 dúlì | independent

而 ér | and, also

具备 jùbèi | to possess

冬季 dōngjì | winter

浓 nóng | strong

诗 shī | poetry

遇到 yùdào | to encounter

淡 dàn | light

色彩 sècǎi | colour

吸引 xīyǐn | to attract

不管 bùguǎn | regardless of

是否 shìfǒu | whether

曾 céng | once

极 jí | extremely

轻易 qīngyì | easily

动摇 dòngyáo | to vacillate

寒冷 hánlěng | cold

独自 dúzì | alone

追求 zhuīqiú | to pursue

了解 liǎojiě | to understand

深厚 shēnhòu | profound

喜爱 xǐ'ài | to like

似乎 sìhū | seemingly

提醒 tíxǐng | to remind

优秀 yōuxiù | excellent

超纲词

梅 méi | plum blossom

兰 lán | orchid

竹 zhú | bamboo

菊 jú | chrysanthemum

君子 jūnzǐ | man of noble character / virtue, gentleman

谱 pǔ | manual

称 chēng | to call, to address

对应 duìyìng | to correspond (to)

谦逊 qiānxùn | modest

淡泊 dànbó | not to seek fame and wealth

四季 sìjì | four seasons

盛开 shèngkāi | to be in full bloom

名利 mínglì | fame and gain

注释

宝剑锋从磨砺出，梅花香自苦寒来。

Bǎojiàn fēng cóng mólì chū, méihuā xiāng zì kǔ hán lái.

It means good honing gives a sharp edge to a sword; bitter cold adds keen fragrance to plum blossom.

兰草已成行，山中意味长。坚贞还自抱，何事斗群芳。

Láncǎo yǐ chénghǎng, shānzhōng yìwèi cháng. Jiānzhēn hái zì bào, héshì dòu qúnfāng.

It means orchid grass has already formed a line, which enjoys itself in the mountains. Firm and noble, the orchid grass has no need to compete with other plants.

宁可食无肉，不可居无竹。

Nìngkě shí wú ròu, bùkě jū wú zhú.

It means I'd rather eat without meat than live without bamboo.

采菊东篱下，悠然见南山。

Cǎi jú dōng lí xià, yōurán jiàn nánshān.

It means as I pick chrysanthemums beneath the eastern fence, my eyes fall leisurely on the southern mountain.

练习

一、选词填空。

Fill in the blanks with the words given below.

A. 提醒　　　B. 喜爱　　　C. 优秀　　　D. 似乎

所以，直到今天，梅兰竹菊仍然是中国人最 _____ 的植物，它们常常出现在人们的生活里，像人们的老朋友、好老师，_____ 在时刻 _____ 大家，要不断成为更加 _____ 的人。

二、根据文章选择正确答案。

Choose the correct answer according to the article.

1. "梅兰竹菊四君子" 中的 "君子"，是什么意思？（　　　）

A. 季节　　　　　　　　　　　B. 一种植物

C. 优美、干净　　　　　　　　D. 高尚、有学问的人

2. 诗句 "坚贞还自抱，何事斗群芳" 写的是哪种植物？（　　　）

A. 菊花　　　　B. 梅花　　　　C. 玫瑰　　　　D. 兰花

三、根据文章回答问题。

Answer the questions below according to the article.

1. 你最喜欢哪一种植物？为什么？

2. 你最欣赏君子的什么品质？为什么？

3. 你周围有没有与梅兰竹菊相关的东西？比如一幅画、一件物品上的图案等。

5

2 高山流水
遇知音

伯牙（Bóyá）从小热爱音乐，弹琴弹得好极了。不过，虽然大家都称赞他琴弹得好，却从来没有人能真正听懂他的琴声。人们只会在他弹完琴后，随便说两句好听的话，没有人真正说出为什么喜欢他的琴声，也没有人能说出他想表达的感情和思想。所以他常常觉得自己不被理解，别人没法儿走进他的心。

有一年中秋，伯牙坐船来到江边，遇到了大雨，只好把船停在山脚下，静静地等雨停。没过多久，雨渐渐小了，伯牙看着天空中的月亮和江上美丽的景色，弹起琴来。忽然，他看到一个人站在江边，似乎在认真地听他弹琴。伯牙有点儿意外，弹断了一根琴弦。这时，那个人大声说："先生，真不好意思，我是个砍柴的，走到这里听到您在弹琴，觉得琴声格外优美，就停下听了起来。"

伯牙心想，"一个砍柴的人怎么能听懂我的琴声呢？"于是他问："你既然懂琴，那就请说说，我弹的是什么？"砍柴人说："先生刚才弹的是孔子为称赞他的学生而写的音乐，不过您弹到第四句的时候琴弦断了。"伯牙听后十分开心："终于有人能听懂我的琴声了！"伯牙赶紧请他上船。这位砍柴人叫钟^{Zhōng}子期^{Zǐqī}，不仅懂音乐，还懂琴，两人谈了很久。伯牙又弹起曲子来，他弹的时候心里想着高山，子期称赞："多么高大的山啊！"伯牙弹琴时又想着流水，子期则说："真美啊，我看见了一条好大的河！"无论伯牙弹什么，子期都能听懂琴声中的含义。他们约好，第二年中秋，还要在这里见面。

第二年中秋，伯牙很早就从家里出发，来到老地方，一边弹琴，一边等他的老朋友。他想着又能和朋友一起谈谈对音乐的理解了，简直不知道有多开心。但时间慢慢过去，一直到晚上，伯牙也没见到子期。虽然觉得很奇怪，但他相信子期一定不会忘记他们的约定。于是，他到村子里到处打听，才知道子期生了一场重病，不久前去世了。去世前，子期让家人把他的墓修在江边。他知道伯牙在中秋这天一定会来，他就又能听到伯牙弹琴了。

伯牙知道后非常痛苦，他来到子期墓前，弹了一首《高山流水》。弹完之后，立刻把琴摔碎了。"琴是要弹给知音听的，如今我的知音已经不在了，我要这琴还有什么意义？"

现在，人们用"知音"来形容能互相理解的好朋友。希望在你的生命中，也能遇到你的知音。

本级词

称赞 chēngzàn | to praise

却 què | but

没法儿 méifǎr | to be most unlikely

江 jiāng | river

渐渐 jiànjiàn | gradually

根 gēn | measure word (for long, thin objects)

格外 géwài | particularly

停下 tíngxia | to stop

于是 yúshì | then

既然 jìrán | since

含义 hányì | meaning

首 shǒu | measure word (for poems or songs)

之后 zhīhòu | later, after

如今 rújīn | nowadays

形容 xíngróng | to describe

超纲词

高山 gāoshān | high mountain

流水 liúshuǐ | flowing water

知音 zhīyīn | bosom friend

弹 tán | to play (an instrument)

琴 qín | a Chinese instrument

中秋 Zhōngqiū | Mid-Autumn Festival (the 15th day of the eighth lunar month)

弦 xián | string

砍 kǎn | to cut

柴 chái | firewood

约定 yuēdìng | appointment

墓 mù | tomb

摔 shuāi | to break, to throw

碎 suì | broken, fragmentary

注释

琴 qín

The qin, also known as guqin, is a kind of traditional Chinese musical instruments that has been played for over 3,000 years. The qin is often referred to as the "instrument of the sage" due to its association with Chinese culture and history.

练 习

一、选词填空。

Fill in the blanks with the words given below.

A. 遇到　　　B. 江　　　C. 根　　　D. 渐渐

有一年中秋，伯牙坐船来到 _____ 边，_____ 了大雨，只好把船停在山脚下，静静地等雨停。没过多久，雨 _____ 小了，伯牙看着天空中的月亮和江上美丽的景色，弹起琴来。忽然，他看到一个人站在江边，似乎在认真地听他弹琴。伯牙有点儿意外，弹断了一 _____ 琴弦。

8

二、根据文章选择正确答案。

Choose the correct answer according to the article.

1. 为什么伯牙觉得自己不被人理解？（　　　）

A. 别人不喜欢听他弹琴。

B. 别人觉得他弹琴弹得不好。

C. 别人在他弹完琴后不说好听的话。

D. 别人没法说出他弹琴时的感情和思想。

2. 第二年中秋节发生了什么？（　　　）

A. 子期去世了。　　　　　　　B. 伯牙遇到了子期。

C. 伯牙遇到了大雨。　　　　　D. 子期在江边听伯牙弹琴。

三、根据文章回答问题。

Answer the questions below according to the article.

1. 伯牙和子期是怎么成为朋友的？

2. 请你说说为什么伯牙把琴摔碎了？

9

3 调皮的李白

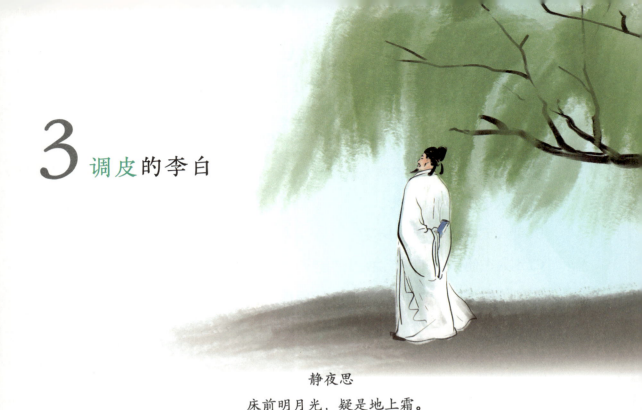

静夜思

床前明月光，疑是地上霜。

举头望明月，低头思故乡。

这首诗可能是很多外国朋友学习的第一首古诗，它的作者是唐代大诗人李白。李白的作品在中国文化中有着重要地位，对后来的文学发展和创作产生了巨大的影响。

李白小的时候很调皮。有一天，他正在家里读书，书很厚，才读了不到一半，他就觉得烦了："这么厚的一本书，什么时候才能看完！"说完他就放下书，出门玩儿去了。刚出家门不远，李白就看见路边有一个老奶奶正在磨刀石上磨东西，他好奇地走近一看，老奶奶手里拿着的竟然是一根铁棍。李白对老奶奶的行为非常不理解，就站在老奶奶身边看着。又过了一会儿，李白忍不住问："奶奶，您拿着一根大铁棍一直磨啊磨，这是在做什么呢？""我啊，准备把它磨成一根针，然后就可以缝衣服了。""什么？磨针？"李白更加不明白了，继续问道："这么粗的一根棍子，您要磨成针？这怎么可能啊！"听了李白的话，老奶奶看着他说："孩子啊，这铁棍再粗，只要我天天都磨，还怕磨不成一根针吗？"李白听后突然明白了："是啊，只要能够一直坚持，再困难的事情也能成功，读书也是这样啊！"

于是，李白赶紧跑回家，拿起之前放下的书，专心地阅读起来，不再调皮了。

后来，李白游遍中国各地，写了很多诗。他的诗内容多样、风格独特、想象丰富，包含了对大自然的热爱，也富有人生哲理。李白的诗中充满了典型的浪漫主义精神，充满了对自由的向往。他明白虽然很多事物并无意义，但仍敢付出一切，对于生命有巨大的热情，要让生命自由燃烧。这种浪漫让人感动，李白的诗吸引人的地方也正在于此。他的诗被一代又一代的读者喜爱，人们都称他为"诗仙"。

今天，我们已经离李白的时代很远了，但从他的诗里，我们依然可以读出那时的自然风景、生活、人们的思想和情感……李白把我们带到了宽广的世界，体验着精彩、多样的人生。

本级词

调皮 tiáopí | naughty

诗人 shīrén | poet

地位 dìwèi | status

巨大 jùdà | huge

厚 hòu | thick

烦 fán | bored (with)

竟然 jìngrán | unexpectedly

针 zhēn | needle

粗 cū | thick

之前 zhīqián | before

专心 zhuānxīn | be absorbed

阅读 yuèdú | to read

多样 duōyàng | various

风格 fēnggé | style

独特 dútè | unique

想象 xiǎngxiàng | imagination

包含 bāohán | to contain

典型 diǎnxíng | typical

事物 shìwù | thing

无 wú | not to have

付出 fùchū | to give

对于 duìyú | with regard to

燃烧 ránshāo | to burn

在于 zàiyú | to lie in

此 cǐ | this

依然 yīrán | be the same as before

风景 fēngjǐng | scenery

宽广 kuānguǎng | broad

超纲词

磨刀石 módāo shí | grindstone

磨 mó | to grind

棍 gùn | stick

忍不住 rěn bu zhù | can't bear

缝 féng | to sew

不再 búzài | no longer

富有 fùyǒu | to be full of

哲理 zhélǐ | philosophy

浪漫主义 làngmàn zhǔyì | romanticism

向往 xiàngwǎng | to look forward to

11

静夜思　　　　　　　Jìngyè Sī

床前明月光，　　　　Chuángqián míng yuè guāng,

疑是地上霜。　　　　Yí shì dìshang shuāng.

举头望明月，　　　　Jǔ tóu wàng míng yuè,

低头思故乡。　　　　Dītóu sī gùxiāng.

Night Thought

The moon sheds light before the bed,

Which seems to be frost on the ground.

To the bright moon, I raise my head,

And lower it to muse, for home bound.

— Translated by Yanchun Zhao

练 习

一、选词填空。

Fill in the blanks with the words given below.

A. 风格　　　B. 多样　　　C. 包含　　　D. 想象

后来，<u>李白</u>游遍<u>中国</u>各地，写了很多诗。他的诗内容 _____、_____ 独特、_____ 丰富，_____ 了对大自然的热爱，也富有人生哲理。

二、根据文章判断正误。

Tell right or wrong according to the article.

（　　　）1. 李白从小学习就非常努力。

（　　　）2. 李白一开始就知道老奶奶在做什么。

（　　　）3. 李白是一位浪漫主义诗人。

三、根据文章回答问题。

Answer the questions below according to the article.

1. 你知道李白吗？请试着向其他人介绍一下他。

2. 你认为李白的诗浪漫吗？请举例说明。

4 王羲之的
墨池

　　说起中国书法，几乎每个人都会想到中国历史上的大书法家——被称为"书圣"的王羲之，想到王羲之的勤奋、谦逊与旷达，想到唐太宗对王羲之书法的热爱，想到"天下第一行书"《兰亭序》。这些是每个了解中国传统文化的人共同的精神财富。中国人认为"从一个人写的字就能知道他是一个怎样的人"，我们热爱的不仅是王羲之的字，还热爱他身上的高尚品质。我们看王羲之的书法作品时，也不应该忽视他每个字中所含的思想与情感。

　　北宋著名的文学家、历史学家曾巩，曾写过一篇《墨池记》，内容如下：

　　在现在江西省抚州市临川区的东面，有一块靠着小河的地，比周围的地高出一点儿，名字叫做新城。在新城上面，有一口低低的水池，据说是王羲之的墨池。王羲之非常喜爱东汉书法家张芝，因为张芝曾经在这个水池边练习书法，因此王羲之也来到这里，花了大量的精力练习书法，度过了很长一段时间。由于王羲之每天练习完都会在池中洗笔，一天又一天过去了，池水都变黑了。

现在，在墨池的旁边，是抚州州学的校舍，教授王盛先生担心墨池不能出名，就写了"晋王右军墨池"六个字挂在那里，还专门找了人定期维护。又请求我写一篇《墨池记》。我想王先生可能是因为喜爱别人的优点和本领，希望能让更多的人知道，所以连跟他有关系的地方也一起重视起来。也有可能是考虑到可以通过宣传王羲之勤奋学习的精神，来鼓励他的学生好好学习。

一个人有突出的本领，就能获得这样的尊重，更不要说那些有高尚品质的人了。历史上这些伟大的人，一直影响着今天的我们。

每次读完这篇文章，我们都有不小的收获。

王羲之的书法能有这样大的成就，是靠他自己不断努力取得的，而不是生来就有的。他非常谦逊，经常对自己的书法作品感到不满意，坚持在创作中追求完美。他非常重视人与人之间的关系，在乎其他人的意见和感受。他也曾游遍中国，在自然中体会着人生、体会着美，因此他对世界、对社会有着自己的思考。他通过书法表现自己的情感和思想，这让他的书法作品具有深刻的意义。

我们在通过一个字了解一个人的时候，其实正是看到了字背后所包含的写字者对自然、对世界、对社会、对人的理解与希望，这也是我们喜爱一幅书法作品的原因吧！

本级词

几乎 jīhū | almost	担心 dānxīn | to worry
历史 lìshǐ | history	维护 wéihù | to maintain
传统 chuántǒng | tradition	考虑 kǎolǜ | to consider
财富 cáifù | wealth	获得 huòdé | to obtain
忽视 hūshì | to ignore	收获 shōuhuò | gains
著名 zhùmíng | famous	之间 zhījiān | between
精力 jīnglì | energy	在乎 zàihu | to care about
度过 dùguò | to spend	思考 sīkǎo | to think
教授 jiàoshòu | professor	

超纲词

墨池 mòchí | inkwell

书法 shūfǎ | calligraphy

勤奋 qínfèn | diligent

与 yǔ | and

旷达 kuàngdá | broad-minded

天下 tiānxià | land under heaven — the world or the whole country

行书 xíngshū | running script

如下 rúxià | as follows

校舍 xiàoshè | school building

出名 chūmíng | famous, well-known

鼓励 gǔlì | to encourage

尊重 zūnzhòng | to think highly of

幅 fú | mesure word (for paintings, photos, cloth, etc.)

注释

州学 Zhōuxué

Government-run education, establishing schools in prefectures and counties in the Song Dynasty

晋王右军 Jìn Wáng Yòujūn

Jin, means the Eastern Jin Dynasty. Youjun, is the official title of military officials in ancient China.
Wang Xizhi was once Youjun, that's why we could also call him Wang Youjun.

练 习

一、选词填空。

Fill in the blanks with the words given below.

A. 传统　　　B. 历史　　　C. 几乎　　　D. 财富

说起中国书法，_____ 每个人都会想到中国 _____ 上的大书法家——被称为"书圣"的王羲之，想到王羲之的勤奋、谦逊与旷达，想到唐太宗对王羲之书法的热爱，想到"天下第一行书"《兰亭序》。这些是每个了解中国 _____ 文化的人共同的精神 _____。

二、根据文章判断正误。

Tell right or wrong according to the article.

（　　　）1. 王盛是东汉的一位书法家。

（　　　）2. 唐太宗非常喜欢王羲之的书法。

（　　　）3. 王羲之小的时候很调皮。

三、根据文章回答问题。

Answer the questions below according to the article.

1. 请你说说王羲之是一个怎样的人。

2. 为什么说"从一个人写的字就能知道他是一个怎样的人"？

3. 我们应该怎样欣赏一幅书法作品？

5 齐白石的虾

　　说起齐白石（Qí Báishí）的虾，相信很多人都知道。在他的画上，那一只只半透明的小虾，好像正在水里游来游去，生动、可爱极了！由于齐白石的虾画得太好了，只要提到他，人们就会想到他的虾。齐白石有次有点儿"生气"地说："坏了坏了，大家一提到我齐白石，就以为我只会画虾！"虽然这只是一句玩笑话，但也说明了他画虾的本领实在是非常了不起，几乎可以说是中国画虾第一人。

　　1864年，齐白石出生在湖南（Húnán）一座美丽的小山村。从小，他就喜欢观察家周围小河里可爱的虾，经常一个人去河边，一看就是大半天。长大后，他对虾的喜爱丝毫不减，还开始研究起如何画虾来。

　　在齐白石之前，画家们画虾的技术不太成熟。所以，当齐白石学习八大山人（Bādàshānrén）、郑板桥（Zhèng Bǎnqiáo）等画家时，画出的虾虽然样子像，但总感觉缺点儿什么。

　　后来，他为了把虾画好，想到了一个办法。他在书房放了一个水缸，在里面养了好几只小虾，这样就可以随时近距离观察了。由于长期细致观察虾的身体结构，这一阶段他画的虾与真的虾非常像，但虾的墨色没有什么变化，眼睛也只是一个小圆点，整体上缺少半透明感，虾看上去也不会动。

再后来，齐白石仍然不断练习，积极创新，终于练出了出色的技巧，"白石虾"有了很高的艺术价值。这时，他已经不只观察虾的基本身体结构，他带着孩子般的天真，观察虾的活动、打闹等细节动作，并记在心里。在笔墨上，他增加了不少变化，使虾有了半透明的质感：用浓墨画虾的头，用细笔画虾的触须，用粗笔画虾的前臂，虾的眼睛也由原来的小圆点变成了横点儿，整只虾的质感、形象更加生动，充满生命力。齐白石虽画虾不画水，但那些虾却好像正在水里游来游去。

除了虾，齐白石的花鸟虫鱼也画得很好。他的代表作《岁寒三友》，是中国画史上最为著名的作品之一。作为一张长画，《岁寒三友》左起为松，中间为竹，右边为梅，这三种植物在寒冬季节仍然生长，是中国传统文化中高尚人格的象征。

从齐白石的画中，我们也能看到中国画的特点。

中国画以水墨为主要材料，用水墨产生浓淡不同的灰黑色，使用的色彩也比较淡。而西方画则重色彩、重造型、画明暗、画透视、画结构。"像"，从来都不是中国画的追求。中国画重视表达情感，而不是要完全地表现生活。

除了艺术成就，齐白石的一生还充满了奋斗和贡献，他经历了种种困难，却坚持用艺术作品鼓励人们。他是中国近现代文化史上最伟大的画家之一。

本级词

透明 tòumíng | transparent	闹 nào | to make a racket / scene
了不起 liǎobuqǐ | amazing	细节 xìjié | detail
减 jiǎn | to reduce	细 xì | fine, thin, slender
研究 yánjiū | to research	虫 chóng | worm
距离 jùlí | distance	之一 zhīyī | one of ...
细致 xìzhì | meticulous	作为 zuòwéi | as
结构 jiégòu | structure	松 sōng | pine
阶段 jiēduàn | stage	材料 cáiliào | material
圆 yuán | circular	造型 zàoxíng | modelling
出色 chūsè | outstanding	暗 àn | dark
技巧 jìqiǎo | skill	奋斗 fèndòu | to struggle
天真 tiānzhēn | innocent	

超纲词

虾 xiā | shrimp

丝毫 sīháo | [usu in the negative] slightest degree

书房 shūfáng | study

水缸 shuǐgāng | water jar

质感 zhìgǎn | realism (in art)

触须 chùxū | tentacles

臂 bì | arm

横 héng | horizontal

人格 réngé | moral quality

象征 xiàngzhēng | symbol

以 yǐ | with, by, by means of

透视 tòushì | perspective

贡献 gòngxiàn | contribution

注释

八大山人 Bādàshānrén

It's the assumed name of Zhu Da, a painter in the late Ming and early Qing dynasties.

练习

一、选词填空。

Fill in the blanks with the words given below.

A. 结构   B. 阶段   C. 细致   D. 距离

他在书房放了一个水缸，在里面养了好几只小虾，这样就可以随时近 _____ 观察了。由于长期 _____ 观察虾的身体 _____，这一 _____ 他画的虾与真的虾非常像。

二、根据文章判断正误。

Tell right or wrong according to the article.

（　　　）1. 虽然齐白石只会画虾，但画得非常好。

（　　　）2. 齐白石是中国近现代非常有名的一位画家。

（　　　）3. 中国画和西方画都重色彩、画透视。

三、根据文章回答问题。

Answer the questions below according to the article.

1. 齐白石画的虾为什么很生动？

2. 和西方画相比，中国画有什么特点？请举例说明。

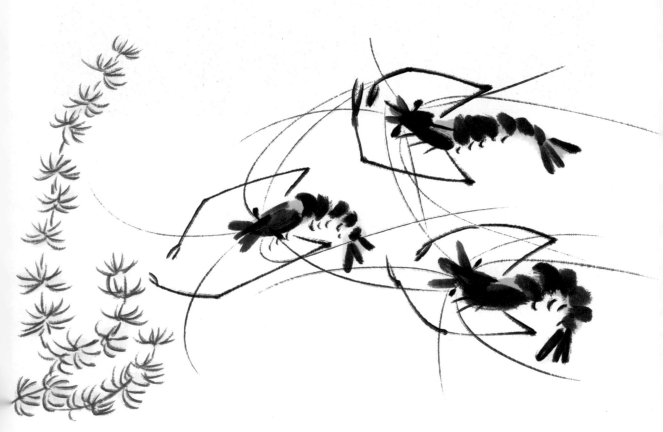

6 《西游记》里跑出个美猴王

　　很久很久以前，有一座山，叫做花果山。花果山上，有一块神奇的石头。有
一天，一只猴子突然从这块石头里跑了出来。他看起来和山上的其他猴子差不
多，可是他更聪明、勇敢又能干。于是，其他的猴子就请他当了大王，叫他"美
猴王"。

　　美猴王领着猴子们在花果山上生活，这里风景优美，大家每天都过得很痛快。

　　有一天，猴子们正在花果山吃着水果、喝着酒，玩得正高兴，突然一只老猴
子倒在地上，一动不动。猴子们一看，"怎么回事？""他吃了太多水果，不消
化，死了。"美猴王这才知道，天底下还有"死"这种事儿，而且死了就活不过
来了。他难免担心起来，就问猴子们，怎样才能不死。一只老猴子说："大王想
要长生不老，就得到东海那边，向神仙学习本领。"美猴王听了，非常感兴趣，

下定决心要去向神仙学习长生不老的法术。他用木头做了一条小船，独自划到海的那边，找到了那个神仙。神仙收他做学生以后，就为他取了一个名字，叫做"孙悟空"。

孙悟空跟着老神仙学会了"七十二变"的法术，还学会了腾云驾雾、翻筋斗的本领，他一个筋斗能翻十万八千里。孙悟空想，我现在变得这么了不起，要是有件合适的兵器该多好呀。听说东海龙王那儿有许多兵器，孙悟空就翻了一个筋斗，来到东海龙王住的龙宫，向他借兵器。龙王拿出了各种兵器来让他试，可孙悟空用这件不满意，用那件也不满意，挑了半天，一件也没看上。龙王没办法，只好带他去看龙宫的宝贝——如意金箍棒。孙悟空一看，那是一根巨大的棒子，能按照自己的意愿变大变小。孙悟空非常满意，他想测试一下金箍棒好不好用，立刻把金箍棒变成平常的棍子那么大，还当场舞起来，把龙宫弄得不像样子。孙悟空完全不在乎，玩够了，转身就飞出东海，回到了花果山，继续做他的美猴王。

东海龙王非常生气，就跑去向玉皇大帝汇报了孙悟空干的事儿。之后，又因为孙悟空大闹天宫，玉皇大帝觉得他实在是很过分，就请如来佛祖把他抓到五行山下关了整整五百年。后来，经过五行山的唐僧把孙悟空救了出来，一起前往西天取经。孙悟空一路保护唐僧，经历了九九八十一难，终于成功取得了真经。

孙悟空可以说是中国最有名的一个动物形象，在中国无人不知。关于他的故事，被记录在了《西游记》这本小说中，后来也有根据《西游记》创作的电影、电视剧、动画片等等，受到大家的喜爱。

本级词

勇敢 yǒnggǎn | brave	宝贝 bǎobèi | treasure
能干 nénggàn | capable	测试 cèshì | to test
痛快 tòngkuài | very happy	转身 zhuǎnshēn | to turn around
消化 xiāohuà | to digest	汇报 huìbào | to report
难免 nánmiǎn | hard to avoid	过分 guòfèn | going too far
感兴趣 gǎn xìngqù | be interested in sth.	关于 guānyú | about
划 huá | to row	根据 gēnjù | according to
挑 tiāo | to choose	动画片 dònghuàpiàn | animated cartoon

超纲词

猴 hóu | monkey

神奇 shénqí | magical

聪明 cōngmíng | clever

一动不动 yídòng-búdòng | motionlessly

长生不老 chángshēng-bùlǎo | ever-young

神仙 shénxiān | immortal

法术 fǎshù | magic spell

腾云驾雾 téngyún-jiàwù | to mount the
clouds and ride the mist

翻筋斗 fān jīndǒu | to somersault

兵器 bīngqì | weapons

宫 gōng | palace

意愿 yìyuàn | desire

当场 dāngchǎng | on the spot

注释

如意金箍棒 Rúyì Jīngū Bàng

At-Will Gold-Banded Cudgel

真经 zhēnjīng

Authentic sutra

《西游记》Xīyóujì

Journey to the West is a classic Chinese novel that was written in the 16th century by Wu Cheng'en. It tells the story of a Buddhist monk named Xuanzang who travelled to India in search of sacred Buddhist scriptures. Along the way, he was accompanied by three disciples who had been assigned to help him on his journey: Sun Wukong, a mischievous and powerful monkey king; Zhu Bajie, a gluttonous and lustful pig spirit; and Sha Wujing, a reformed river ogre. Together they face countless trials and tribulations, testing their resolve, courage and wisdom.

练习

一、选词填空。

Fill in the blanks with the words given below.

A. 根据　　　B. 动画片　　　C. 关于　　　D. 喜爱

_____ 他的故事，被记录在了《西游记》这本小说中，后来也有

_____《西游记》创作的电影、电视剧、_____ 等等，受到大家的

_____。

二、根据文章选择正确答案。

Choose the correct answer according to the article.

1. 关于孙悟空，我们可以知道什么？（　　　）

　　A. 他是从石头里跑出来的一只猴子。　　B. 他学会了"三十六变"。

　　C. 他住在东海龙王的天宫里。　　D. 他在五行山被关了300年。

2. 关于如意金箍棒，哪一项是错误的？（　　　）

　　A. 可以变大变小。　　B. 原来是玉皇大帝的宝贝。

　　C. 被孙悟空"借"走了。　　D. 孙悟空会使用如意金箍棒。

三、根据文章回答问题。

Answer the questions below according to the article.

1. 孙悟空的名字是怎么来的？

2. 你有没有看过《西游记》？在《西游记》中，除了孙悟空，你还知道哪些

　　角色？

7 鲁迅的"早"字

　　鲁迅（Lǔ Xùn）是中国伟大的思想家、文学家、教育家、翻译家、历史学家，是中国现代文学的奠基人之一。他的作品《呐喊》是中国现代文学的经典作品，是中国现代小说的开端与成熟的标志。"鲁迅文学奖"与"老舍（Lǎo Shě）文学奖""茅盾（Máo Dùn）文学奖""曹禺（Cáo Yú）戏剧文学奖"，是中国国家级的四大文学奖。

　　鲁迅曾写过一篇怀念童年学习、生活的文章，叫《从百草园到三味书屋》。文章不长，读起来充满了童年的乐趣。

　　这一天，我们来到了鲁迅文章中百草园和三味书屋的所在地——浙江（Zhèjiāng）省绍兴（Shàoxīng）市。城市不大，路上的人也不多，很安静。虽然已经过了冬天，但有风吹来，还觉得挺冷的，好像衣服穿少了。我们走过一座石桥，便来到了鲁迅的老师——寿（Shòu）镜吾（Jìngwú）先生的家。往里走第三间是书房，也就是鲁迅笔下著名的三味书屋。说是书屋，其实更像一个教室，是以前青少年读书受教育的地方。

还没进门，我就先闻到一阵香气，像是花香，又不太像。据说，"三味书屋"中的"三味"，是说书有像五谷、蔬菜、点心一样的三种味道，所以这香气，也许就是书香？

书屋东面的墙上，高高地挂着"三味书屋"四个字。字的下面挂着一幅画，画着一只鹿伏在树下。在画的正前方，放着一张桌子和一把椅子，这就是寿镜吾老先生的座位，桌子上整齐地放着笔墨纸砚和一把不常使用的戒尺。学生的桌子围在周围，东北角上的那张是鲁迅用过的。鲁迅就是在这张桌子前读书、写字、画画、受教育。在鲁迅的桌子上，刻着一个"早"字。

关于这个"早"字还有这样一个故事：那年鲁迅的父亲生了病，躺在床上。鲁迅一边上学，一边还要做家务、照顾父亲，每天都觉得时间不够用。有一天早晨，鲁迅先去给父亲买药，结果上学迟到了。严格的寿镜吾老先生批评他说："以后要早到！"鲁迅听了没作任何解释，默默地回到座位上。然后，他在书桌上轻轻地刻了一个"早"字。从那以后，鲁迅上学就再也没有迟到过，而且一直保持着"早"的习惯，奋斗了一生。

走到书屋后面的小花园，看见风中的梅花已经开了，我这才发现，早些时候闻到的香气，是来自这早春的梅花！

没错，的确要早！我们要珍惜清晨，要珍惜春天，要珍惜时间。学梅花，做"东风第一枝"。

鲁迅的作品，具有极高的文学价值和艺术价值。他善于讲故事，讲人的内心世界；同时，他的作品充满了力量，从他的作品中，我们读到了社会的黑暗，读到了应该奋斗、改变社会的方向。

当我们看到鲁迅取得的伟大成就的同时，我们也要记得他说的，"哪里有天才，我是把别人喝咖啡的工夫都用在工作上的。"

本级词

翻译 fānyì | to translate	乐趣 lèqù | delight
经典 jīngdiǎn | classic	阵 zhèn | short period, spell
标志 biāozhì | sign, symbol	躺 tǎng | to lie
怀念 huáiniàn | to cherish the memory of	家务 jiāwù | housework
童年 tóngnián | childhood	迟到 chídào | to arrive late

严格 yángé | strict

解释 jiěshì | to explain

默默 mòmò | silently

些 xiē | a bit, somewhat

没错 méicuò | right

的确 díquè | indeed

善于 shànyú | be good at

黑暗 hēi'àn | darkness

超纲词

奠基 diànjī | to lay the foundation

开端 kāiduān | beginning

书屋 shūwū | study

五谷 wǔgǔ | five grains

蔬菜 shūcài | vegetable

点心 diǎnxin | dim sum

鹿 lù | deer

伏 fú | to crouch

前方 qiánfāng | front

砚 yàn | inkstone

刻 kè | to engrave

书桌 shūzhuō | (writing) desk

再也 zài yě | (not) ... any longer

珍惜 zhēnxī | to cherish

清晨 qīngchén | early morning

天才 tiāncái | genius

注释

《呐喊》Nàhǎn

Lu Xun's *A Call to Arms* (also known as *Outcry* or *Call to Arms*) is a collection of short stories and essays that is widely regarded as one of the most important works of modern Chinese literature. The book was first published in 1923 and has since become a seminal work of the May Fourth Movement, a cultural and political movement that emerged in China in the early 20th century.

戒尺 Jièchǐ

A ferule used by old-time private tutors to discipline students.

练习

一、选词填空。

Fill in the blanks with the words given below.

> A. 严格   B. 默默   C. 解释   D. 迟到

有一天早晨，鲁迅先去给父亲买药，结果上学 _____ 了。_____ 的寿镜吾老先生批评他说："以后要早到！"鲁迅听了没作任何 _____，_____ 地回到座位上。

二、根据文章判断正误。

Tell right or wrong according to the article.

（   ）1. 鲁迅上课迟到是因为他很调皮。

（   ）2. 鲁迅是一个非常珍惜时间的人。

（   ）3. 三味书屋是鲁迅小时候上课、学习的地方。

三、根据文章回答问题。

Answer the questions below according to the article.

1. 请说说三味书屋是什么样子的。

2. 你读过鲁迅的作品吗？最喜欢哪一部作品？

8 莫言谈妈妈

莫言，中国当代作家，1955年出生于山东省潍坊市高密县。2012年获得诺贝尔文学奖。在领奖时，莫言发表了长篇演讲。

开始正式演讲前，莫言先微笑着说："两个小时以前，我们瑞典学院的秘书，他的太太生了一个小女孩，这是一个美丽故事的开始。"突然，他显得有些伤心："这一刻，母亲是我最想念的人。我获奖后，开心地与很多人庆祝，但我却无法告诉我的母亲了。"

在他的演讲里，有一半在谈他的母亲。

莫言介绍他的母亲是1922年出生的，1994年去世。2011年，因修高铁不得不搬走母亲的棺木，却发现"棺木早已坏了，母亲的身体，已经与土地混在一起"。莫言是这样描述他当时的感受的："也就是从那一时刻开始，我感到，我的母亲是土地的一部分，我站在土地上所说的话，就是对母亲说的话。"

莫言的演讲中提到："我印象中最早的一件事，是我打坏了水瓶，心里害怕极了，怕母亲打骂我，但母亲没有打我也没有骂我，只是摸摸我的头，看上去有些难过。我记得最痛苦的一件事，是我小的时候和母亲一起去集体的地里捡麦子，看麦地的人来了，其他捡麦子的人纷纷跑走了，我的母亲跑不快，看麦地的人追上她后还打了她一嘴巴，母亲的嘴角流血，坐在地上。多年之后，我们又遇到那个人，我想冲上去打他，被母亲阻止。母亲对我说，'儿子，那个打我的人，与这个老人，并不是一个人。'我记得最深刻的一件事，是在一个中秋节的中午，我们家包了一顿饺子，在那个年代，能吃上一顿饺子对我们家来说是一件难事，所以每人只有一碗，一碗里也没几个。这时，有一个老人来我们家门口，问我们要东西吃。我没舍得给他饺子，就给了他一点儿红薯干。他很生气地对我们说：'我是一个老人，你们吃饺子，却让我吃红薯干。你们的心是怎么长的？'我也气了，对他说：'我们一年也吃不了几次饺子，一人一小碗，根本吃不饱；给你红薯干就不错了，你要就要，不要就走！'母亲听到我在门口对老人这样说话，走来把我拉到一边骂了我，然后把她的半碗饺子，倒进了老人的碗里。我最后悔的一件事，是我跟着母亲去卖白菜，我已经记不清是不是故意的，反正就是多算了一位老人一毛钱。母亲知道后没有骂我，而是流着眼泪对我说：'儿子，你让我没脸见人。'"

　　"虽然家里的经济条件不好，但只要是我想买书买笔，母亲总是会满足我的要求。母亲不喜欢懒的人，但如果我是因为看书耽误了干活，她从来没有骂过我。我觉得自己长得难看，母亲总是说，'你不缺鼻子不缺眼，不缺手也不缺脚，难看在哪里？只要善良、多做好事，难看也能变美。'"

　　莫言为了纪念他的母亲，写了一部小说——《丰乳肥臀》。虽然莫言的母亲不认识字，没有多少文化，只是一个很普通的农民，但是她身上的善良、诚信、坚强，她给莫言的爱、对莫言的支持以及对生命的热爱，一直影响着他。而这也正是他认为的——文学的含义。

本级词

演讲 yǎnjiǎng | speech

微笑 wēixiào | to smile

秘书 mìshū | secretary

想念 xiǎngniàn | to miss

获奖 huòjiǎng | to get an award

无法 wúfǎ | to be unable (to do sth.)

高铁 gāotiě | high speed railway

土地 tǔdì | land

描述 miáoshù | to describe

摸 mō | to touch

纷纷 fēnfēn | one after another

嘴巴 zuǐba | mouth

多年 duōnián | for many years

冲 chōng | to rush

阻止 zǔzhǐ | to prevent

而是 érshì | but

眼泪 yǎnlèi | tears

善良 shànliáng | kind

诚信 chéngxìn | honesty

以及 yǐjí | as well as

超纲词

当代 dāngdài | present age

棺 guān | coffin

混 hùn | to mix

骂 mà | to scold

捡 jiǎn | to pick up

麦子 màizi | wheat

流血 liúxuè | to bleed

舍得 shěde | to be willing to part with

红薯干 hóngshǔgān | dried sweet potato

后悔 hòuhuǐ | to regret

懒 lǎn | lazy

耽误 dānwu | to delay

干活 gànhuó | to work

鼻子 bízi | nose

注释

诺贝尔文学奖 Nuòbèi'ěr Wénxué Jiǎng

The Nobel Prize in Literature is a prestigious international award given to outstanding writers for their exceptional contribution to the literary world.

瑞典学院 Ruìdiǎn Xuéyuàn

The Swedish Academy is an esteemed cultural institution based in Stockholm, Sweden. It was founded in 1786 to promote and preserve the Swedish language and literature. One of its most renowned activities is the annual awarding of the Nobel Prizes in Literature.

《丰乳肥臀》 Fēngrǔ Féitún

Big Breasts and Wide Hips is a novel by Moyan, depicting the tumultuous journey of a family through generations in 20th century China, portraying the resilience and struggles of women within a backdrop of significant historical events.

练 习

一、选词填空。

Fill in the blanks with the words given below.

A. 想念　　　B. 无法　　　C. 获奖　　　D. 微笑

开始正式演讲前，莫言先 _____ 着说："两个小时以前，我们瑞典学院的秘书，他的太太生了一个小女孩，这是一个美丽故事的开始。"突然，他显得有些伤心："这一刻，母亲是我最 _____ 的人。我 _____ 后，开心地与很多人庆祝，但我却 _____ 告诉我的母亲了。"

二、根据文章选择正确答案。

Choose the correct answer according to the article.

1. 莫言获得了诺贝尔文学奖，他在领奖时突然有些伤心，是因为：（　　　）

   A. 他无法与母亲一起庆祝。

   B. 母亲觉得没脸见人。

   C. 他最喜欢的作家没有获奖。

   D. 他觉得自己的作品写得还不够好。

2. 关于母亲对莫言的影响，不正确的是：（　　　）

   A. 母亲教会了莫言文化知识。

   B. 母亲希望莫言能多读书多学习。

   C. 母亲的善良、诚信一直在影响莫言。

   D. 莫言从母亲身上学到了她对生命的热爱。

三、根据文章回答问题。

Answer the questions below according to the article.

1. 请选择莫言谈的关于母亲的一件事进行复述。

　　（1）印象中最早的一件事

　　（2）记得最痛苦的一件事

　　（3）记得最深刻的一件事

　　（4）记得最后悔的一件事

2. 请谈谈你印象中与亲人有关的一件事。

9 北京故宫

　　北京 故宫，是明 清两代的皇宫，公元1406年明成祖 朱棣(Zhū Dì)决定开始建造，1420年建成。按照中国古代"天人合一"的思想，故宫由北向南沿着一条中轴线建造。这条中轴线不仅穿过整个故宫，而且穿过了整个北京城。作为皇家建筑，它充分体现了封建社会的等级制度。历经600多年风雨，这里的一砖一瓦，一草一木都充满了故事，吸引着无数关注。

　　故宫占地面积约72万平方米，建筑面积约15万平方米。民间曾经传说故宫的房间共有9999间半，可见在人们的心中它的规模有多大。实际上，1973年经过专家现场测量，故宫共有大小房间8707间。它是世界上现在还存在的规模最大、保存最完整的木结构古建筑群之一。

故宫南北长961米，东西宽753米，四面围有十米高的墙，墙外有一条宽52米的河，起保护作用。故宫有四座城门，南面为午门^{Wǔ Mén}，北面为神武门^{Shénwǔ Mén}，东面为东华门^{Dōnghuá Mén}，西面为西华门^{Xīhuá Mén}。故宫内的建筑都是砖木结构，配有琉璃瓦顶。主要建筑的房顶大多是黄色，黄色是皇家建筑最有代表性的色彩。皇子居住区的房顶大多是绿色。故宫的宫墙和建筑的墙体通常采用红色，这也是皇家建筑的标志，红色代表着幸运和祝福。墙体底部采用白色的石头。故宫内部除了宫殿建筑，还有许多漂亮的花园。花园里有假山、湖、花草树木等，很多彩色的琉璃也会用在这里，这些花园让故宫的环境更显有趣。四季变换，故宫向人们展示着不同的美：春日百花满园，夏季绿意盎然，秋日一片金黄，冬季白雪红墙。

作为中国文化的重要遗产，故宫让人们看到了中国古代建筑艺术的巨大成就。除了建筑自身的价值，故宫还保存着丰富的文化遗产和历史遗产，有艺术宝物180多万件（套）。

故宫内的故宫博物院，是中国最大的古代文化艺术博物馆，里面有很多优秀的艺术作品。故宫博物院每年吸引着数千万国内外游客来参观。游客们不仅可以走进故宫的部分宫殿，近距离地感受中国古代皇家建筑，还能在故宫内逛艺术展览。故宫博物院的开放时间和门票价格根据季节不同有小小的区别：4月1日—10月31日，开放时间是8:30—17:00，票价是60元；11月1日—3月31日，开放时间是8:30—16:30，票价是40元。每周一和部分日期不开放。如果想要参观故宫博物院，可以提前去官方网站上获取更多信息。

本级词

公元 gōngyuán | Christian era

充分 chōngfèn | fully

无数 wúshù | countless

平方 píngfāng | square

可见 kějiàn | it is thus evident that

规模 guīmó | scale

测量 cèliáng | to measure

共 gòng | in total

宽 kuān | width

分为 fēnwéi | to be divided into

顶 dǐng | top

居住 jūzhù | to live

祝福 zhùfú | bless

底 dǐ | bottom

内部 nèibù | inner

有趣 yǒuqù | interesting

遗产 yíchǎn | heritage

宝 bǎo | treasure

逛 guàng | to stroll

官方 guānfāng | official

获取 huòqǔ | to obtain

超纲词

皇宫 huánggōng | imperial palace

建造 jiànzào | to build

轴 zhóu | axle

穿过 chuānguò | to go through

建筑 jiànzhù | architecture

封建 fēngjiàn | feudal

等级 děngjí | grade

砖 zhuān | brick

瓦 wǎ | tile

琉璃瓦 liúlíwǎ | glazed tile

变换 biànhuàn | to vary

展示 zhǎnshì | to display

盎然 àngrán | full (of)

展览 zhǎnlǎn | exhibition

注释

天人合一 tiānrén-héyī

It is a philosophical concept that has been central to Chinese thought for centuries. It refers to the idea of the unity between heaven (Tian) and humanity (Ren), and is often interpreted as a belief in the interconnectedness and harmony of all things.

练习

一、根据文章选择正确答案。

Choose the correct answer according to the article.

1. 北京故宫主要建筑的房顶是什么颜色？（　　　）

　　A. 红色　　　　　　B. 绿色　　　　　　C. 白色　　　　　　D. 黄色

2. 故宫博物院在每周的哪一天不对外开放？（　　　）

　　A. 周一　　　　　　B. 周二　　　　　　C. 周六　　　　　　D. 周日

二、根据文章判断正误。

Tell right or wrong according to the article.

（　　　）1. 北京故宫有9999.5个房间。

（　　　）2. 北京故宫是朱棣决定建造的。

三、根据文章回答问题。

Answer the questions below according to the article.

1. 你去过故宫吗？你认为它的主要特点是什么？

2. 你们国家现存最有特点的古老建筑是什么？是在哪一年建造的？当时建造的目的是什么？

10 苏州 园林

苏州位于中国东部，气候舒适，自然资源极其丰富。苏州的私家园林，又被称为"城市山林"，最早在公元2–3世纪就已经存在了，到了18世纪，园林达到了五百多座，形成了非常有特色的风格。在苏州园林中，我们很难找到一条明确的中线，和中国传统常见的有规律的空间形成了鲜明的对比，它表达的是一种自由——人们按照自己的想法，建造属于自己的园林。

拙政园是现存的苏州古典园林中，面积最大的一座。拙政园的建造，代表了苏州古典园林的普遍历史。公元1509年，明朝的一位高官王献臣，因对官场太失望，选择回老家建造他的理想花园。他给花园取名"拙政"，想表达的是：我很笨，不懂政治，不会做官，我就回到这里，过自己普通的日子。他请了当时非常著名的画家文徵明参与设计。文徵明用一个画家对美的理解，确定了整个园林的结构。在他的主持下，过了十年，<u>拙政园</u>终于建造完成，形成了有山有水有树有园、接近自然的园林风格，表现出<u>中国</u>山水画中所追求的美。从此以后，在自然中入画的艺术表现方式，成为<u>苏州</u>古典园林整体的设计思想。<u>中国</u>古代的文化人，在热闹的城市里建造了一片属于自己的宁静山林，在这里，和家人、朋友一起写诗作画、喝茶聊天，就是他们所追求的人生。

参观<u>苏州</u>园林的时候，需要我们的想象力。

比如，<u>拙政园</u>中有一处"与谁同坐轩"，是一个在水边的小亭子，看上去并没有什么特别。其实这个名字来自<u>苏轼</u>的词句"与谁同坐，明月清风我"，表达的是古代文化人的骄傲：和谁坐在一起？不过明月、清风，还有我。

实际上，参观<u>苏州</u>园林的时候，可能会有很多人，没有办法感受整个世界只有"月、风和我"。这时候，就需要用我们的想象力来体会其中的文化。如果只用眼睛去看<u>苏州</u>园林，是看不懂的。我们必须用心，必须了解<u>中国</u>的历史文化，才能看懂<u>苏州</u>园林。

<u>北京</u>故宫和<u>苏州</u>的一些古典园林，都被列入世界文化遗产名录。它们在建筑设计和艺术造型上有自己的特点，是<u>中国</u>古代思想、文化、艺术的重要组成部分，具有重要的艺术价值和建筑价值，我们从中也能充分感受到<u>中国</u>历史和文化的魅力。

本级词

位于 wèiyú | to be located

舒适 shūshì | comfortable

资源 zīyuán | resource

极其 jíqí | extremely

规律 guīlǜ | regular

空间 kōngjiān | space

鲜明 xiānmíng | distinct

对比 duìbǐ | comparison

官 guān | government official

失望 shīwàng | disappointed

选择 xuǎnzé | to choose

老家 lǎojiā | hometown

笨 bèn | stupid

政治 zhèngzhì | politics

参与 cānyù | to participate

热闹 rènao | lively

宁静 níngjìng | peaceful

列入 lièrù | to be listed for

超纲词

园林 yuánlín | garden, park

私家 sījiā | private

古典 gǔdiǎn | classical

官场 guānchǎng | officialdom

做官 zuòguān | to be an official

聊天 liáotiān | to chat

轩 xuān | pavilion

亭子 tíngzi | pavilion

骄傲 jiāo'ào | pride

名录 mínglù | list

魅力 mèilì | charm

注释

与谁同坐，明月清风我

Yǔshuí tóng zuò, míngyuè qīngfēng wǒ

It expresses Sushi's appreciation for solitude, finding contentment in the tranquility of a clear moonlit night and a gentle breeze, detached from worldly concerns.

练习

一、选词填空。

Fill in the blanks with the words given below.

<blockquote>
A. 空间　　　B. 对比　　　C. 规律　　　D. 鲜明
</blockquote>

在苏州园林中，我们很难找到一条明确的中线，和中国传统常见的有_____的_____形成了_____的_____，它表达的是一种自由。

二、根据文章判断正误。

Tell right or wrong according to the article.

（　　　）1. 拙政园是面积最大的一座苏州园林。

（　　　）2. 苏州园林内的空间是一种自由、不太规律的空间。

三、根据文章回答问题。

Answer the questions below according to the article.

1. 苏州古典园林的主人在建造时，有怎样的设计思想？

2. 为什么说在参观苏州古典园林时需要我们的想象力？

11 国漫崛起

　　近年来，中国动漫产业发展迅速，越来越多的中国动漫作品开始走向世界，成为全球动漫市场的一部分。中国动漫在内容上开始获得国际认可，以《大圣归来》《秦时明月》《斗罗大陆》等为代表的优秀作品有了稳定的国内外观众群，成为中国动画的"名片"。这些作品在传播中国传统文化的同时，也具有鲜明的时代特色，这一趋势表现出中国动漫行业人士的创造力和出色才能。

　　从1957年建厂至今，上海美术电影制片厂为无数的大小观众们制作了500多部动画，让我们的童年充满了神秘色彩，甚至对日本的手冢治虫、宫崎骏等著名的动画制作人也产生过影响。比如1960年制作的《小蝌蚪找妈妈》，是中国第

一部水墨动画片，被称为"动态齐白石"。1984年，宫崎骏来到上海美术电影制片厂，当他看过《小蝌蚪找妈妈》后，连连称赞，非常喜欢。1961–1964年制作的彩色动画长片《大闹天宫》在国际上获奖无数，法国《世界报》称赞它"完美地表达了中国的传统艺术风格"。

最近的一部由上海美术电影制片厂制作的《中国奇谭》，让许多观众感受到了"不一样的动漫"。在这之前，被关注更多的可能是以美国的迪士尼（Díshìní）、皮克斯（Píkèsī）为代表的三维电脑动画，或者是二维的日本商业动画，而《中国奇谭》不仅带有浓浓的中国味道，还让观众们感受到了多种不同的动画技术和风格。

《中国奇谭》包括八个来自中国传统文化的独立故事，并延续了上海美术电影制片厂的东方审美风格，把中国传统艺术中的水墨画、书法、剪纸、皮影戏等放入现代影视制作技术中，镜头帧帧精美如画。其中的一个动画叫做《鹅鹅鹅》，共有208个镜头，为了突出画面的中国画效果，创作者必须一笔一笔、一帧一帧地上色。每一帧要画三到四个小时，甚至七八个小时。相比计算机制作动画，这样的动画制作方式可以说是完全没有效率，但大家却坚持用这种"最老、最苦的操作方式"。就像《鹅鹅鹅》的导演说的："想要做出这样的效果，没有捷径可走。"

其实，国漫的发展道路也是这样，如果想要发展得更好，想要在世界范围内赢得更多的鲜花与认可，征服各国观众，没有捷径可走。

本级词

迅速 xùnsù | fast	包括 bāokuò | to include
稳定 wěndìng | stable	延续 yánxù | to continue
名片 míngpiàn | business card	镜头 jìngtóu | shot
趋势 qūshì | trend	效率 xiàolǜ | efficiency
行业 hángyè | industry	操作 cāozuò | to operate
神秘 shénmì | mysterious	赢得 yíngdé | to gain
甚至 shènzhì | even	鲜花 xiānhuā | fresh flower
多种 duōzhǒng | various	征服 zhēngfú | to conquer

超纲词

崛起 juéqǐ | to rise

近年来 jìnniánlái | in the past few years

动漫 dòngmàn | animation and comic

产业 chǎnyè | industry

动画 dònghuà | animation

人士 rénshì | personage

蝌蚪 kēdǒu | tadpole

动态 dòngtài | dynamic

三维 sānwéi | three-dimensional

审美 shěnměi | taste

剪纸 jiǎnzhǐ | Chinese paper cutting

皮影戏 píyǐngxì | shadow puppet play

帧 zhēn | frame

精美 jīngměi | exquisite

鹅 é | goose

捷径 jiéjìng | shortcut

注释

国漫 Guómàn

"Guoman" or Chinese anime, is a rapidly growing industry known for its diverse themes and unique art styles inspired by traditional Chinese culture. With increasing international recognition, Chinese animation continues to captivate audiences with its rich storytelling and visual appeal.

上海美术电影制片厂 Shànghǎi Měishù Diànyǐng Zhìpiàn Chǎng

Shanghai Animation Film Studio (SAFS) is one of China's oldest and most prestigious animation studios. It was established in 1957 and has since been a major contributor to Chinese animation, producing numerous influential and beloved animated films and TV series.

《中国奇谭》 Zhōngguó Qítán

Yao-Chinese Folktales, is a collection of 8 animated short stories that shows traditional Chinese culture, Chinese philosophy, imagination, aesthetic and Chinese society development. It spans various genres including fantasy, science fiction, romance and drama.

练习

一、选词填空。

Fill in the blanks with the words given below.

A. 征服　　　B. 鲜花　　　C. 捷径　　　D. 赢得

中国动画想要发展得更好，想要在世界范围内 _____ 更多的 _____ 与认可，_____ 各国观众，没有 _____ 可走。

二、根据文章判断正误。

Tell right or wrong according to the article.

（　　　）1. 宫崎骏非常喜欢《小蝌蚪找妈妈》这部动画作品。

（　　　）2.《中国奇谭》包括八个来自中国传统文化的独立故事。

三、根据文章回答问题。

Answer the questions below according to the article.

1. 为什么人们把《小蝌蚪找妈妈》称为"动态齐白石"？它和齐白石有什么关系？

2. 请花一点儿时间观看《中国奇谭》中的一个故事，然后向大家介绍一下故事的内容和你的感受。

3. 你平常会看动画片吗？你最喜欢的一部动画作品是什么？为什么？

12 中国电影与金鸡百花奖

　　在电影《一一》中有一句话："电影发明以后，人类的生命至少比以前延长了三倍。"我们从一部部电影中，能体验超过自己人生几十倍的经验。这大概就是人们看电影、了解电影的意义。

　　作为19世纪末的伟大发明，电影非常偶然地与叙事和美学结合起来。到了20世纪五六十年代，电影已经成长为可以和其他伟大的艺术创造相媲美的艺术形式。在电影当中，你可以找到这个世界上正在发生的和可能发生的一切，你也可以找到最深刻、最神秘的思考，以及最大众化的追求和梦想。

　　1905年，北京丰泰(Fēngtài)照相馆的创办人任庆泰(Rén Qìngtài)拍了京剧《定军山》的一小段，这是中国人自己拍的第一部影片，标志着中国电影的正式产生，任庆泰也因此被称为"中国电影之父"。1934年，《渔光曲》在上海首映。该影片参加莫斯科国际电影节，获得第九名，成为中国首部获得国际奖项的影片。

中国电影界也设置了一些奖，以此表彰中国电影人取得的突出成就，其中最有影响力的是金鸡奖和百花奖。

金鸡奖，全名是"中国电影金鸡奖"，创办于1981年。因为1981年是中国农历鸡年，同时也受到周恩来总理"闻鸡起舞"的启发，于是就有了"金鸡奖"这个名字，希望广大的电影工作者能为中国的电影事业不断奋斗。金鸡奖是由专业的电影人选出代表电影行业最高水平的作品、导演、演员等，因此也被叫做"专家奖"。

百花奖，全名是"大众电影百花奖"，创办于1962年。百花奖是由观众投票选出的，反映了广大观众对电影的看法和评价，因此也被叫做"观众奖"。电影的发展一定离不开广大观众的支持，百花奖缩小了普通人与电影的距离，让每个人都能按照自己的兴趣理解电影。"百花"二字的来源是中国电影坚持的"百花齐放、百家争鸣"的文化艺术方针，希望中国电影事业的发展如百花开放一般美好，也希望有越来越多不同类型的电影被中国的老百姓所喜爱。

1992年，中国电影金鸡奖和大众电影百花奖合并为"中国电影金鸡百花奖"，并举办了第一届中国金鸡百花电影节。2021年，金鸡奖新增最佳外语片奖，希望借此引进更多优秀的外国电影。中国电影界不仅满足着国内观众的文化需求，也正欢迎外国影片走进来，以促进中国电影的高质量发展。

本级词

延长 yáncháng | to extend

倍 bèi | times

末 mò | end

大众 dàzhòng | general public

梦想 mèngxiǎng | dream

设置 shèzhì | to set up

总理 zǒnglǐ | prime minister

反映 fǎnyìng | to reflect

离不开 lí bu kāi | can't do without

缩小 suōxiǎo | to narrow

兴趣 xìngqù | interest

来源 láiyuán | source

方针 fāngzhēn | policy

类型 lèixíng | type

引进 yǐnjìn | to import

促进 cùjìn | to promote

质量 zhìliàng | quality

偶然 ǒurán | accidental

叙事 xùshì | narration

美学 měixué | aesthetics

媲美 pìměi | to compare favourably with

照相馆 zhàoxiàngguǎn | photo studio

创办 chuàngbàn | to establish

首映 shǒuyìng | to premiere

奖项 jiǎngxiàng | prize

表彰 biǎozhāng | to recommend

闻鸡起舞 wénjī-qǐwǔ | rise up upon hearing the crow of a rooster and practise with the sword

启发 qǐfā | enlightenment

投票 tóupiào | to vote

合并 hébìng | to merge

届 jiè | session

增 zēng | to add

最佳 zuìjiā | best

注释

京剧 Jīngjù

Jingju, also known as Beijing Opera, is one of the traditional Chinese opera forms and one of the four major genres of Chinese opera. Jingju has a long history and is considered a valuable cultural heritage of China.

农历 Nónglì

The "Nongli" or lunar calendar is a traditional calendar system used in many countries, including China, Vietnam, Korea and so on. It is based on the cycles of the moon and consists of twelve lunar months in a year, with each month beginning and ending with the new moon.

百花齐放、百家争鸣 bǎihuā-qífàng, bǎijiā-zhēngmíng

"Let a hundred flowers bloom and a hundred schools of thought contend", proposed by Chairman Mao Zedong in the early 1950s, is the policy for China to develop science and culture.

练 习

一、选词填空。

Fill in the blanks with the words given below.

A. 方针　　　B. 兴趣　　　C. 类型　　　D. 来源

百花奖缩小了普通人与电影的距离，让每个人都能按照自己的 _____ 理解电影。"百花"二字的 _____ 是中国电影坚持的"百花齐放、百家争鸣"的文化艺术 _____。希望中国电影事业的发展如百花开放一般美好，也希望有越来越多不同 _____ 的电影被中国的老百姓所喜爱。

二、根据文章选择正确答案。

Choose the correct answer according to the article.

1. 中国首部获得国际奖项的影片是 _____。

A.《定军山》　　　　　　B.《渔光曲》

C.《一一》　　　　　　　D.《英雄》

2. 关于"金鸡奖"，理解正确的是 _____。

    A. 是中国电影的"观众奖"

    B. 第一届"金鸡奖"与第一届"百花奖"同年创办

    C.《渔光曲》是第一届"金鸡奖"获奖作品

    D. 2021年，金鸡奖新增加了最佳外语片奖

三、根据文章回答问题。

Answer the questions below according to the article.

1. "金鸡奖"的名字是怎么来的?

2. 你最喜欢哪部中国电影? 这部电影曾经获过什么奖吗? 你为什么喜欢它?

13 巩俐和白衬衫

　　1987年，巩 俐被 张 艺谋导演选中，出演战争文艺片《红高粱》中的女主角"九儿"，正式成为一名演员。1988年，这部影片获得第38届柏林国际电影节金熊奖，成为首部获得此奖的亚洲电影，并同时获得第8届中国电影金鸡奖最佳故事片奖、第11届大众电影百花奖最佳故事片奖。特别值得一提的是，这部电影正是从莫言的长篇小说《红高粱》改编而来。1993年，巩俐与陈凯歌导演合作的《霸王别姬》，是她职业道路上非常重要的一笔。那一年，《霸王别姬》获得了第46届戛纳国际电影节金棕榈奖。两位主演——巩俐和张国荣在戛纳海边散步时的随手照，是现在每年的戛纳电影节，影迷们都会怀念的情景，更成为女性身穿白衬衫的经典照片。美女那么多，能把一件白衬衫穿成经典，不得不说是巩俐的个人魅力。

三十多年来，巩俐演了多部电影，几乎每一部都得到专业人士的称赞，她不仅在戛纳、威尼斯（Wēinísī）、柏林三大电影节都获过奖，2006年还被《华盛顿（Huáshèngdùn）邮报》选为全球年度5位伟大演员之一，2015年入选联合国16位影响人类文化艺术家。她展现的东方女性和独特的个人风格，让她获得了一定的国际地位，也让全世界了解到东方女性之美。

　　在许多采访中，巩俐都谈过自己对表演的看法：在弄不清楚角色背后所需要表达的内容时，她就坐在办公室搞清楚整个故事，等想明白、想清楚了，才开始表演。而且，不是所有的大制作电影都能吸引巩俐，她曾对一些大公司提供的演出机会、出的高价说"不"。巩俐给出的原因很简单：角色太简单了，让她的专业没有太多可以发挥的地方。

　　巩俐非常赞赏美国优秀演员罗伯特·德尼罗说的一句话："要想演好一个角色，不只是要演，而是要努力成为他。"

　　巩俐并不是一个非常"合格"的大明星。除了拍电影、拍杂志，以及一些必要的工作外，我们几乎很少看到关于她的消息。不开网络社交媒体、不上电视娱乐节目，她身上既有老演员"认认真真工作，认认真真做人"的职业态度，又有90后的直接——"只做自己想做的事"。有时被拍到，媒体甚至会评价她"变胖了""变老了""变难看了""哪怕是一点儿名人的样子也没有，衣服穿得就像一个普通的大妈"，她并不理会他们，但是我们总能看到她在下一部电影里最完美的状态。

　　这就是真正的专业：一生只尽力做一件事，做到最好。就像她与那件白衬衫一样。白衬衫是再平常不过的一种衣服了，但是想穿好它并不容易，有时简单才最难。

本级词

战争 zhànzhēng | war	发挥 fāhuī | to bring into play
随手 suíshǒu | conveniently	赞赏 zànshǎng | to appreciate
情景 qíngjǐng | scene	网络 wǎngluò | network
美女 měinǚ | beauty	哪怕 nǎpà | even if
采访 cǎifǎng | interview	名人 míngrén | celebrity
角色 juésè | role	大妈 dàmā | aunt (a polite form of address for an
提供 tígōng | to provide	elderly woman)
高价 gāojià | high price	尽力 jìnlì | to try one's best

超纲词

出演 chūyǎn | to play the role of

文艺 wényì | literature and art

主角 zhǔjué | key role

改编 gǎibiān | to adapt

影迷 yǐngmí | movie fan

人士 rénshì | personage

年度 niándù | (calendar) year

入选 rùxuǎn | to be on the list

展现 zhǎnxiàn | to show

搞清楚 gǎo qīngchǔ | to figure out

社交 shèjiāo | social contact

娱乐 yúlè | entertainment

理会 lǐhuì | to take notice of

练 习

一、选词填空。

Fill in the blanks with the words given below.

A. 经典　　　B. 情景　　　C. 随手　　　D. 怀念

巩俐和张国荣在戛纳海边散步时的 _____ 照，是现在每年的戛纳

电影节，影迷们都会 _____ 的 _____，更成为女性身穿白衬衫的

_____ 照片。

二、根据文章选择正确答案。

Choose the correct answer according to the article.

1. 巩俐拒绝了一些大制作电影，主要是因为：（　　　）

　　A. 不喜欢电影的故事。　　　　　B. 角色没有让她有太多发挥的地方。

　　C. 观众不喜欢。　　　　　　　　D. 不能赚很多钱。

2. 为什么说<u>巩俐</u>不是一个"合格"的大明星？（　　　）

A. 她电影演得不好。　　　　　　B. 她变胖了。

C. 除了工作，她很少宣传自己。　D. 她拒绝了一部大制作电影。

三、根据文章回答问题。

Answer the questions below according to the article.

1. 你如何理解"要想演好一个角色，不只是要演，而是要努力成为他"？

2. 你最喜欢的一位演员是谁？为什么？

14 甜蜜蜜的邓丽君

甜蜜蜜
你笑得甜蜜蜜
好像花儿开在春风里
开在春风里
在哪里 在哪里见过你
你的笑容这样熟悉
我一时想不起
啊 在梦里
梦里 梦里见过你
甜蜜 笑得多甜蜜
是你 是你梦见的就是你
在哪里 在哪里见过你
你的笑容这样熟悉

我一时想不起
啊 在梦里
在哪里 在哪里见过你
你的笑容这样熟悉
我一时想不起
啊 在梦里
梦里 梦里见过你
甜蜜 笑得多甜蜜
是你 是你梦见的就是你
在哪里 在哪里见过你
你的笑容这样熟悉
我一时想不起
啊 在梦里

这首《甜蜜蜜》是最经典的华语流行音乐之一，当我们看到歌词时，就会不自觉地唱出来。这首歌最初的来源是印度尼西亚(Yìndùníxīyà)的民族音乐，20世纪70年代末，中国台湾著名词作家庄 奴(Zhuāng Nú)重新填词后，由邓丽君(Dèng Lìjūn)演唱。

中国的流行音乐已经走过近百年了，在这段历史里，你无法绕开这样一个名字——邓丽君。

邓丽君1953年出生于中国台湾，是华语流行歌坛第一位具有国际影响力的歌手。邓丽君结合东西方音乐元素，将民族性与流行性相融合，创造了属于自己的演唱风格，代表了20世纪70到80年代的亚洲流行音乐的较高水平，也影响了很多后世的著名歌手。她不仅影响了中国流行音乐的发展，更在文化领域影响了华人社会。

1995年5月8日，这位天才歌手因病在泰国清迈(Qīngmài)去世。她在42岁这年，永远地离开了喜爱她的人们。然而，这么多年过去了，人们依然那么地喜爱她，无限地怀念她。作为华人音乐历史中不可替代的巨星，她的歌广为流传，无数知名歌手都唱过她的歌，她和她的歌还出现在许多电影里，《我只在乎你》《小城故事》《月亮代表我的心》几乎无人不知。她代表了一种流行音乐的演唱方法，只要她站在台上，就代表着完美的演唱技巧：呼吸平稳，对于感情的把握十分讲究，能让声音一直深入你的心中，带你走进真、善、美的艺术世界。她的歌声好像春风一般，温暖人心。她还唱过很多直接改编自中国古诗词的歌，如《但愿人长久》《独上西楼》《相见欢》等，有一种特别的美。她用自己的方式为中国传统文化的传播贡献着自己的力量。

邓丽君是华语音乐世界一个特殊的存在。人民网曾评价"她是一位歌者，也是一个文化符号"；BBC中文网曾说"只要有华人的地方，就有邓丽君的歌声"。邓丽君是华语音乐圈送给世界"最珍贵的礼物"。

本级词

梦 mèng | dream

梦见 mèngjiàn | to dream about

最初 zuìchū | at first

填 tián | to fill in

无限 wúxiàn | infintely

替代 tìdài | to replace

流传 liúchuán | to spread

台上 táishàng | on the stage

呼吸 hūxī | to breathe

平稳 píngwěn | stable

讲究 jiǎngjiu | exquisite, graceful

特殊 tèshū | special

符号 fúhào | symbol

圈 quān | circle

超纲词

甜蜜 tiánmì | sweet

笑容 xiàoróng | smiling expression

熟悉 shúxi | familiar

一时 yìshí | temporarily

华语 Huáyǔ | Chinese language

歌词 gēcí | words of a song

绕 rào | to bypass

歌坛 gētán | song circles

元素 yuánsù | element

融合 rónghé | to merge

亚洲 Yàzhōu | Asia

后世 hòushì | later generations

领域 lǐngyù | field

珍贵 zhēnguì | precious

练习

一、选词填空。

Fill in the blanks with the words given below.

A. 圈　　　B. 符号　　　C. 特殊　　　D. 珍贵

　　邓丽君是华语音乐世界一个 _____ 的存在。人民网曾评价"她是一位歌者，也是一个文化 _____"；BBC中文网曾说"只要有华人的地方，就有邓丽君的歌声"。邓丽君是华语音乐 _____ 送给世界"最 _____ 的礼物"。

二、根据文章判断正误。

Tell right or wrong according to the article.

（　　　）1. 邓丽君因病在泰国去世，去世的时候只有42岁。

（　　　）2. 邓丽君的歌在华人社会特别流行。

（　　　）3. 邓丽君唱歌主要是声音甜美，唱歌技巧一般。

三、根据文章回答问题。

Answer the questions below according to the article.

1. 你听过邓丽君的歌吗？你听她唱歌有怎样的感觉？

2. 你最喜欢的一位歌手是谁？为什么？

15 猫去哪里了

　　很久很久以前，玉皇大帝宣布了一则消息，将举办一场过河比赛，按照比赛名次排列十二生肖。

　　消息公布以后，所有的动物都很兴奋，大家热烈地讨论过河比赛的事儿。当时老鼠和猫是很好的朋友，他们也聚在一起讨论。老鼠说："我们不会游泳，要怎么过河呢？"猫说："我们可以跟牛合作。我们帮他引路，他背我们过河。"

　　到了比赛那一天，一大早，鸡都还没睡醒，牛、猫和老鼠就已经来到河边。牛让猫和老鼠爬上他的背，开始一起过河。猫平常就爱睡觉，今天又太早起来，很快就在牛背上睡着了。老鼠很想获得第一名，就在牛快要到达终点的时候，突然把猫推到水里，然后跳进牛的耳朵里。牛并不知道发生了什么事，只听到老鼠在他的耳朵里喊着："牛大哥加油！我们快到了！"牛听到声音以后，继续游啊游啊，等到从水里爬出来，高兴地冲向终点时，老鼠突然从牛耳朵里跳出来，越过终点线，得到第一名。牛忙了半天，只得到第二名，非常生气，从此就一直气得瞪着大眼睛。

　　过了一会儿，全身湿透的老虎来了，他很有自信地大喊："我第一名吧？"玉皇大帝说："不，你得了第三名。"

　　突然间，天空卷起一阵大风，龙从天而降，就快要到达终点时，兔子先冲过来，踩着别的动物的背跳呀跳地过了河，得到第四名。

玉皇大帝问龙："怎么这么晚才到呢？"原来，龙要去南海主持下雨典礼，再赶回来时已经来不及了。马向终点跑来时，蛇突然从草里钻出来，得到了第六名。蛇本来有脚，但这下跑得太快，把脚都跑断了；马本来很勇敢，这次被蛇吓得开始对什么都很害怕了。

羊、猴子和鸡在河边找来一根木头，大家一起合作过河，得到第八、第九、第十名。羊坐在木头前面指挥，因为看得太使劲，眼睛看坏了；猴子在木头上坐太久，屁股都坐红了；鸡本来有四只脚，快到终点时被木头压断了两只，所以现在只有两只脚了。

狗来了，他很爱玩，过河的时候，竟然还在河里玩了一会儿水，所以来晚了。

最后，猪来了，他满头大汗地说："饿死我了，快给我点儿好吃的！"

比赛结束，玉皇大帝宣布了十二生肖的排名。

这时，猫来了，他问："我第几名？"玉皇大帝说："第十三名。"

老鼠虽然得到第一名，但从此每天都很怕猫来找他。直到今天，老鼠看到猫的影子，就会赶紧跑，连大白天也在家里不敢出来。

本级词

排列 páiliè | to rank

兴奋 xīngfèn | excited

聚 jù | to gather

引 yǐn | to lead

醒 xǐng | awake

睡着 shuìzháo | to fall asleep

大哥 dàgē | elder brother

从此 cóngcǐ | from this time on

湿 shī | wet

透 tòu | completely

自信 zìxìn | self-confidence

卷 juǎn | to roll up

降 jiàng | to come down

来不及 láibují | to not have enough time to do sth.

指挥 zhǐhuī | to direct

使劲 shǐjìn | to exert all one's strength

影子 yǐngzi | shadow

超纲词

则 zé | (used for news, writing, etc) piece; item

名次 míngcì | rank

老鼠 lǎoshǔ | mouse, rat

终点 zhōngdiǎn | finishing line

耳朵 ěrduo | ear

瞪 dèng | to stare

踩 cǎi | to step on

典礼 diǎnlǐ | ceremony

钻 zuān | to go through

屁股 pìgu | butt

汗 hàn | sweat

十二生肖 Shí'èr Shēngxiào

The Chinese zodiac is a system of animal symbols used in the Chinese lunar calendar. It is based on a twelve-year cycle, with each year represented by a specific animal. The twelve animals in the order of the cycle are: Rat, Ox, Tiger, Rabbit, Dragon, Snake, Horse, Sheep (or Goat), Monkey, Rooster, Dog, and Pig.

练习

一、根据文章选择正确答案。

Choose the correct answer according to the article.

1. 老鼠和猫准备和谁合作一起过河？（　　　）

　　A. 马　　　　　B. 羊　　　　　C. 牛　　　　　D. 狗

2. 谁过河比赛的时候还在河里玩水？（　　　）

　　A. 狗　　　　　B. 猫　　　　　C. 牛　　　　　D. 猪

3. 谁是过河比赛的最后一名?（　　　）

　　A. 猪　　　　　B. 猫　　　　　C. 狗　　　　　D. 猴

二、读一读，连一连。

Read and match.

请根据故事选择动物们到达终点后的感受。

牛   害怕

马   心虚（guilty）

老鼠   生气

猪   眼睛疼

羊   屁股疼

猴子   饿

三、根据文章回答问题。

Answer the questions below according to the article.

1. 请你说说十二生肖中为什么没有猫。

2. 你属什么？请介绍一下你的属相的特点。

16 "玉"见文明

　　翻开两千年前的中国古代词典，你会发现"玉"的含义为"最美的石头"。如果你们注意过2008年北京奥运会上夺得第一、第二、第三名的运动员戴的金、银、铜牌，一定会发现它们的设计非常特别：不同于以前任何一届奥运会的奖牌只使用一种材料的传统，北京奥运会的奖牌是用玉包裹着金、银、铜，足以看出传统的玉文化在这片土地上的重要性。

　　以前，"玉"字（王）和"王"字（王）的写法很像，都是由三横一竖组成。在中国文化中，"三"有"很多"的意思，也有"天、地、人"的意思，"王"字中间的一横更靠上面的一横，表示君主需要更接近"天"。但这两个字还是太相似了。后来，"玉"开始代表权力——君主会在腰部挂一块玉。因此，人们决定在字上加一个点来表示"玉"。但是，当"玉"位于左右结构的合体字左边，作为其偏旁时，还是用"玉"字原来的形式——"王"。

在中国古代，玉被作为最宝贵的东西之一。人们发现自然形成的玉闪着非常美丽、柔和的光，但那时的人们无法解释这一点，所以他们相信玉石是超自然的存在。人们常常以玉为材料制作各种祭祀用品，向祖先和自然界表达敬意。

玉逐渐成为代表文化的符号。中国古代社会中的君子，有学问、品德高尚、受人尊敬，而玉的"纯、真、柔和"，符合君子追求的高尚品质和行为标准，人们将"君子比德于玉"，把玉作为君子品德的象征。

玉文化反映了中国人民的创造精神和艺术追求。玉器的制作非常复杂，具有极高的技术含量，每一步制作程序都需要制作者的优秀技术和创造力。同时，玉器的设计和图案具有深刻的文化含义和艺术价值，人们在玉上用线条刻出鸟、龙、鱼、花等象征吉祥的动植物和祝福文字，相信玉能带来幸运。

玉文化是中国文化的重要组成部分，代表着中国人民的审美观念、价值观念、自然观念和艺术追求。现在，人们仍会把玉戴在身上，父母给孩子起名字时也会选与"玉"相关的汉字。对玉的爱好，是中华民族文化特色之一，也是中华文明有别于世界其他文明的一个标志。

本级词

玉 yù | jade

翻 fān | to turn over

运动员 yùndòngyuán | athlete

戴 dài | to wear

牌 pái | medal

包裹 bāoguǒ | to wrap

王 wáng | king

腰 yāo | waist

宝贵 bǎoguì | valuable

闪 shǎn | to glisten

逐渐 zhújiàn | gradually

纯 chún | pure

符合 fúhé | to conform to

含量 hánliàng | content

程序 chéngxù | procedure

图案 tú'àn | pattern

超纲词

夺 duó | to win

铜 tóng | copper

足以 zúyǐ | enough, sufficiently

竖 shù | vertical

君主 jūnzhǔ | monarch

权力 quánlì | power, authority

合体字 hétǐzì | multiple-component character

偏旁 piānpáng | Chinese character component

柔和 róuhé | soft

超自然 chāo zìrán | supernatural

祭祀 jìsì | to offer sacrifices to ancestors

祖先 zǔxiān | ancestor

敬意 jìngyì | respect, tribute

品德 pǐndé | moral character, virtue

尊敬 zūnjìng | to respect

线条 xiàntiáo | line, streak

吉祥 jíxiáng | auspicious

练习

一、选词填空。

Fill in the blanks with the words given below.

A. 含量　　　B. 反映　　　C. 程序　　　D. 追求

玉文化 ＿＿＿＿＿ 了中国人民的创造精神和艺术 ＿＿＿＿＿。玉器的制作非常复杂，具有极高的技术 ＿＿＿＿＿，每一步制作 ＿＿＿＿＿ 都需要制作者的优秀技术和创造力。

二、根据文章判断正误。

Tell right or wrong according to the article.

（　　）1. "玉" 字和 "王" 字是一个意思。

（　　）2. "玩" 这个字的偏旁是 "王"，意思是君主。

（　　）3. 玉文化是中国文化很重要的一部分。

三、根据文章回答问题。

Answer the questions below according to the article.

1. 即使是在现代社会，很多中国人仍喜欢用"玉"相关的汉字给孩子起名字，还喜欢把"玉"戴在身上，这是为什么呢？

2. 你观察到日常生活中有哪些与"玉"有关的物件或装饰吗？

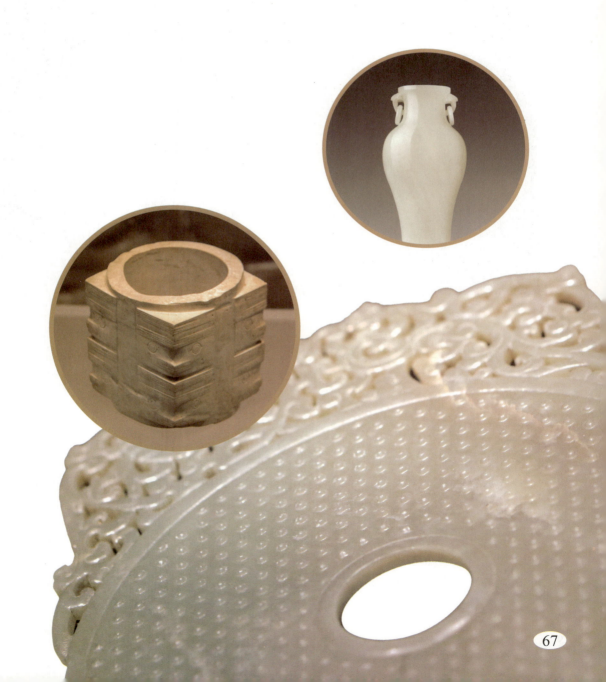

17 酒中的文化

　　酒是社会生活中一种重要的饮料，但与果汁、汽水不同，它不单是一种饮料。酒很特殊，它具有丰富的文化含义，形成了中国深厚的酒文化，在传统文化中占有重要的地位。

　　中国制酒有很长的历史。中国的黄酒是世界上最老的酒类之一，大约在三千多年前就已经出现。中国的酒有很多种，但在中国人眼里，白酒是最有代表性、最有民族特色的一种。"茅台"是中国最有名的白酒牌子，茅台酒被称为中国的"国酒"。关于茅台酒，还有一个很有趣的故事。1915年巴拿马万国博览会上，各国都送去了各种美酒。中国政府选的茅台酒一开始并没有引起注意。一位中国代表想到一个主意，他随手拿起一瓶茅台酒，走到人多的地方，把酒"不小心"摔在了地上，茅台酒强烈的香气立即引起了当时所有人的注意。评委们经过反复品尝，一致认为茅台酒是世界上最好的白酒之一。茅台酒获得了博览会金奖，从此成为世界名酒。

在中国，酒经常被当作一种交际的工具。朋友聚在一起饮酒，交流感情，拉近距离；家人举杯共饮，团圆和睦，亲情满满。同时，各种社会风俗习惯中也离不开酒。新人结婚，亲朋好友要去喝"喜酒"，祝福新人幸福美满；孩子满月，父母会办一场"满月酒"，祝福孩子健康成长。清明节、端午节、中秋节……各种节日也少不了酒，可以说是"无酒不成席"。

中国的饮酒传统，体现了对饮酒人的尊重。谁是主人，谁是客人，都有固定的座位，也有固定的饮酒顺序。一般来说，喝酒时主人应先向客人敬酒，客人饮完后可以再敬主人。敬酒时怎样拿酒杯也是有讲究的，一般要用两只手举起酒杯。如果是敬长辈，酒杯不得高过长辈的酒杯。在敬酒时，通常要讲一些祝福的话。酒杯相碰的时候，我们也可以讲"干杯"，意思是双方同时喝完杯中的酒。不过现在，大家通常只是喝一小口，意思一下。

饮酒后，人们会觉得兴奋、放松，获得创作的灵感。很多文学作品，比如李白、王羲之、苏轼的名篇，都是在饮酒之后完成的。酒虽好，但千万不能饮太多。

本级词

汽水 qìshuǐ | soda

单 dān | just

眼里 yǎnli | in one's eyes

政府 zhèngfǔ | government

引起 yǐnqǐ | to give rise to

立即 lìjí | immediately

一致 yízhì | unanimously

交际 jiāojì | communication

风俗 fēngsú | custom

固定 gùdìng | fixed

顺序 shùnxù | order

一般来说 yìbānláishuō | generally speaking

放松 fàngsōng | relaxed

超纲词

饮料 yǐnliào | beverage

博览会 bólǎnhuì | exhibition

评委 píngwěi | judge

品尝 pǐncháng | to taste

当作 dàngzuò | to regard as

团圆 tuányuán | to reunite

和睦 hémù | harmonious

亲情 qīnqíng | emotional tie, affectionate feelings

美满 měimǎn | perfectly satisfactory

清明节 Qīngmíng Jié | Tomb Sweeping Day

端午节 Duānwǔ Jié | Dragon Boat Festival

席 xí | feast

敬酒 jìngjiǔ | to propose a toast

长辈 zhǎngbèi | member of an elder generation

灵感 línggǎn | inspiration (for artistic creation)

练 习

一、选词填空。

Fill in the blanks with the words given below.

A. 顺序   B. 固定   C. 一般来说   D. 尊重

中国的饮酒传统，体现了对饮酒人的 _____。谁是主人，谁是客人，都有 _____ 的座位，也有固定的饮酒 _____。_____，喝酒时主人应先向客人敬酒，客人饮完后可以再敬主人。

二、根据文章判断正误。

Tell right or wrong according to the article.

（　　）1. 中国人饮酒体现了对人的尊重，所以座位和饮酒顺序不重要。

（　　）2. 一般来说，敬酒的时候应该客人先向主人敬酒。

（　　）3. 现代人说了"干杯"，就一定要把杯中的酒喝完。

三、根据文章回答问题。

Answer the questions below according to the article.

1. 请说说中国的饮酒传统中，敬酒的时候要注意哪些细节？

2. 你知道与酒有关的中国文学作品吗？请试着跟朋友们分享一下。

18 但愿人长久

传说在很久很久以前，有一天，天上突然同时出现了十个太阳，晒得人们无法正常生活。有一个名叫后羿（Hòu Yì）的小伙子，决心帮助广大的老百姓。他登上昆仑山（Kūnlún Shān），用尽全身力气，拿弓箭射下了九个太阳，然后对天上的最后一个太阳说："以后，你每天都要按时升起！"

老百姓非常感谢后羿，昆仑山上的神仙也被后羿感动了，决定送他一颗药。这颗药不仅可以让人长生不老，还能让人升天成为神仙。

后羿的妻子嫦娥（Cháng'é）听说后，觉得很好奇，就把药吃了下去。没过多久，她感觉身体变轻了，心里有点儿害怕，连忙抱起身边的兔子。然后，她就飞了起来，飞出了窗子，越飞越高。住在周围的人听见后羿家有些奇怪的声音，急忙跑来，但等他们上门后，也只能看着嫦娥和兔子一直飞到月亮上，什么也做不了。

后羿回家后找不到嫦娥，问了周围的人，才知道发生了什么。他心情十分沉重，对着月亮大喊妻子的名字，那是他最亲密的爱人啊！他好像能看见月亮上的嫦娥和兔子，却得不到任何回答。

后羿只好去嫦娥最爱的后院，摆上她平时最喜欢的食物，祝福她在月亮上能健康、快乐地生活，也希望她能感受到自己的想念。

后来，每年的这一天——农历八月十五，就成了人们期待团圆的中秋节。在这一天，人们会选择与家人聚在一起，而无法在一起的家人、朋友们，也会共赏一轮明月，这样他们就能感受到互相的想念。

在1076年的中秋节，中国宋代词人苏轼一边赏月一边喝酒，写下了《水调歌头·明月几时有》，表达对弟弟苏辙的想念：

明月几时有？把酒问青天。不知天上宫阙，今夕是何年。我欲乘风归去，又恐琼楼玉宇，高处不胜寒。起舞弄清影，何似在人间。

转朱阁，低绮户，照无眠。不应有恨，何事长向别时圆？人有悲欢离合，月有阴晴圆缺，此事古难全。但愿人长久，千里共婵娟。

邓丽君演唱的由这首词改写的歌曲，已经成为中秋节的经典歌曲，她甜美的歌声让那些不与家人、朋友在一起的人们也能感受到温暖。

对中国人来说，中秋节是一个非常重要的节日——家人和朋友，无论是否在一起，都能在美好的月光下，祝福我们爱的人幸福、平安。

本级词

晒 shài | to bask

小伙子 xiǎohuǒzi | young fellow

登 dēng | to climb

力气 lìqi | physical strength

按时 ànshí | on time

妻子 qīzi | wife

抱 bào | to hold in the arms

窗子 chuāngzi | window

急忙 jímáng | in haste

上门 shàngmén | to drop in

沉重 chénzhòng | heavy

亲密 qīnmì | intimate

摆 bǎi | to put on

期待 qīdài | to expect

赏 shǎng | to appreciate

轮 lún | measure word for the moon

无论 wúlùn | whatever

超纲词

尽 jìn | to the limit

弓箭 gōngjiàn | bow and arrow

射 shè | to shoot

颗 kē | measure word (usually for things small and roundish)

词人 círén | poet

歌曲 gēqǔ | song

甜美 tiánměi | sweet

水调歌头

明月几时有？把酒问青天。不知天上宫阙，今夕是何年。我欲乘风归去，又恐琼楼玉宇，高处不胜寒。起舞弄清影，何似在人间。

转朱阁，低绮户，照无眠。不应有恨，何事长向别时圆？人有悲欢离合，月有阴晴圆缺，此事古难全。但愿人长久，千里共婵娟。

Shuǐdiào Gētóu

Míngyuè jǐshí yǒu? Bǎjiǔ wèn qīngtiān. Bùzhī tiānshàng gōngquè, jīnxī shì hénián. Wǒ yù chéngfēng guīqù, yòukǒng qiónglóu yùyǔ, gāochù bú shènghán. Qǐwǔ nòng qīngyǐng, hésì zài rénjiān.

Zhuǎn zhūgé, dī qǐhù, zhào wúmián. Bùyīng yǒuhèn, héshì chángxiàng biéshí yuán? Rén yǒu bēihuān-líhé, yuè yǒu yīnqíng-yuánquē, cǐshì gǔ nánquán. Dànyuàn rén chángjiǔ, qiānlǐ gòng chánjuān.

Prelude to Melody of Flowing Waters

When did the brilliant moon come into being?
Raising my cup I ask the azure sky.
And what year's tonight in, I wonder, in light of
The calendar of the Palace on High?
The dread that it'd be too cold in the firmament
Gives me pause — otherwise riding on the zephyr
To the crystalline palace I would fly.
And further: whom might I dance with up there but my shadow?
With this regard the fancy for celestial life seems wry.

Creeping from the other side of th' mansion,
Through the carv'd window on the sleepless
The moon mischievously casts its light.
Why should she ironically grow full when people part,
As if upon men she were venting a spite?
Ay, but who can e'er change the course of nature?
As the moon may wax or wane and grow dim or bright,
So men thrive or decline and part or reunite.
'Tis only wish'd that we may all live in good health
And share — through far apart — the beauty of th' minor light.

— Translated by Zhenying Zhang

练 习

一、选词填空。

Fill in the blanks with the words given below.

A. 轮　　　　B. 期待　　　　C. 赏　　　　D. 选择

后来，每年的这一天——农历八月十五，就成了人们 _____ 团圆的中秋节。在这一天，人们会 _____ 与家人聚在一起，而无法在一起的家人、朋友们，也会共 _____ 一 _____ 明月，这样他们就能感受到互相的想念。

二、根据文章选择正确答案。

Choose the correct answer according to the article.

1. 嫦娥为什么到月亮上去了？（　　　　）

    A. 她觉得在地球上没有意思。　　　　B. 她吃了长生不老药。

    C. 后羿让她去的。　　　　D. 因为她的兔子想去。

2. 关于后羿，我们可以知道什么？（　　　　）

    A. 他非常想念嫦娥。　　　　B. 他是一位神仙。

    C. 他想自己吃长生不老药。　　　　D. 他射下了10个太阳。

三、根据文章回答问题。

Answer the questions below according to the article.

1. 月亮对中国人来说意味着什么？

2. 中秋节的时候，人们会做什么？在你的国家，有没有相似的节日呢？

19 北国的冬天与冰雕艺术节

　　"北国风光，千里冰封，万里雪飘。"这是毛主席《沁园春·雪》里的句子，短短数字，我们就好像看到了北国的冬天。

　　中国南、北方地区在冬季时的气温状况有很大不同。秦岭淮河以南的南方地区最冷月平均气温基本在0℃以上，秦岭淮河以北的北方地区、北京以南的华北地区最冷月平均气温在-8℃以内，内蒙古和东北地区最冷月平均气温在-12℃以下，而最北端的漠河村最冷月平均气温低到-30.9℃，可以说是中国冬季最冷的地方。

　　北国的冬天，因为雪，会变成一个白色的世界，美丽极了。水都变成了冰，可以开展很多独特的冬季活动。比如在北京，颐和园里的昆明湖到了冬季就会

变成北京市内最大的<u>冰场</u>，人们可以去<u>滑冰</u>，或者参加一些冰上<u>项目</u>，比如开冰车、骑冰上自行车等等。来<u>北京</u>旅游的王先生一家，就选择了春节<u>期间</u>逛颐和园。"我们来颐和园三次了，但都是在夏天，这次终于是冬天来了，正好体验一下冰场。"王先生的冰车在最前面，<u>夫人</u>和两个孩子的冰车一个接一个跟在后面，就像一辆冰上"火车"。"坐好了吧！"说完，王先生这个"火车头"就出发了，结果孩子们可能还没准备好，一<u>列</u>"火车"只有"火车头"在跑，"火车"身体和"火车"<u>尾巴</u>都没动起来，一家四口哈哈大笑起来。王先生只好再<u>倒车</u>，重新去接上夫人和孩子。

从北京再往北，可以去哈尔滨^{Hā'ěrbīn}的<u>冰雪</u>大世界看看，这里每年都会举办冰雕艺术节。每年冬天，松花江^{Sōnghuājiāng}上都有近一百名工人<u>冒着严寒采冰</u>。天还没亮他们就要起床，每天工作十几个小时。采上来的大冰块被送到哈尔滨后，再由艺术家刻成一件件冰雕作品，<u>构成</u>一个冰雪世界。艺术家们在零下20多度的室外，根据年度的冰雪节<u>主题</u>，发挥想象，用多种工具进行创作。最后，冰雪节还会选出年度最优秀的作品。冰雪大世界里，不仅有冰雕作品，还有用冰做成的主题公园，非常有意思。在哈尔滨，除了去冰雪大世界，人们也可以选择<u>滑雪</u>，或者<u>泡温泉</u>，还可以吃一吃著名的东北菜！冬天的哈尔滨，美得就像一个<u>童话</u>世界。

<u>总之</u>，冬天去北方，会有很多美好又特别的体验！

本级词

冰 bīng | ice

主席 zhǔxí | chairman

平均 píngjūn | on average

以内 yǐnèi | within

项目 xiàngmù | project

期间 qījiān | during the period

夫人 fūren | wife

列 liè | measure word for a train

尾巴 wěiba | tail

倒车 dàochē | to reverse a vehicle

冰雪 bīngxuě | ice and snow

构成 gòuchéng | to constitute

主题 zhǔtí | theme

童话 tónghuà | fairy tale

总之 zǒngzhī | in summary

超纲词

北国 běiguó | northern part of China

冰雕 bīngdiāo | ice sculpture

风光 fēngguāng | scenery

封 fēng | to seal

飘 piāo | to wave to and fro

端 duān | end

冰场 bīngchǎng | ice rink

滑冰 huábīng | skate

冒着 màozhe | to brave

严寒 yánhán | severe cold

采 cǎi | to pick

滑雪 huáxuě | to ski

泡 pào | to soak

温泉 wēnquán | hot spring

练习

一、选词填空。

Fill in the blanks with the words given below.

A. 想象　　　B. 冰雪　　　C. 构成　　　D. 主题

采上来的大冰块被送到<u>哈尔滨</u>后，再由艺术家刻成一件件冰雕作品，

_____ 一个 _____ 世界。艺术家们在零下20多度的室外，根据每年的冰雪节 _____，发挥 _____，用多种工具进行创作。

二、根据文章判断正误。

Tell right or wrong according to the article.

（　　　）1. 夏天的颐和园不好玩儿。

（　　　）2. 冰雕艺术节是在雪上雕出不同的冰雕作品。

（　　　）3. 颐和园的昆明湖是北京市内最大的冰场。

三、根据文章回答问题。

Answer the questions below according to the article.

1. 请简单介绍一下你的国家不同季节的气温情况。

2. 请介绍一句描写"雪"或"冬天"的诗句。

20 中药里的发现

　　清末的1899年，北京城有位很有名的金石学家、收藏家、书法家，叫王懿荣。有一天，他的肚子不舒服，按照大夫说的，王懿荣派人到中药店抓药，其中有一种药叫"龙骨"。药买回来之后，王懿荣意外发现这个骨头上好像刻着一些图案，心中便有些疑问。因为他本身是金石学家，对文字有很强的观察能力和记忆能力，他仔细看了以后，怀疑这些图案未必无意义，极有可能是一种文字。那么究竟是不是呢？为了弄清楚，王懿荣买了大量的"龙骨"进行一再地对比、研究，很快确定这些"龙骨"是龟甲和兽骨，上面的符号是用刀子雕出来的，裂纹是用火烧成的，这些刻在甲骨上的符号是一种文字。经过他的进一步考察，最终确认这些甲骨大多来自河南省安阳县，这才有了后来一系列关于殷墟的故事。

　　其实早在1899年之前的几十年里，当地人就在附近发现了甲骨。他们把甲骨作为一种中药，取名"龙骨"。很多商人来收购龙骨，再卖给药店。直到王懿荣的发现，殷墟的甲骨才开始被重视起来，从"龙骨"变成了珍贵的古代文化研究资料。

　　来自3500年前的文字——甲骨文，在很长一段时间内，人们并不知道如何解释它。直到20世纪初，王国维等人才开始对甲骨文进行研究，并发表了许多相关的论文，形成了一门专门的学问——甲骨学。通过他们的努力，甲骨文的研究工作逐渐取得了进展。

　　甲骨文是目前在中国发现的年代最早的成熟文字系统，是汉字的源头和中华优秀传统文化的根脉。甲骨文的发现，推动了中国考古学的发展；依靠甲骨文，中国的文字历史被往前推了近1000年——商代的历史是有文字记载的历史。

目前，在已发现的甲骨文里，不重复的单字大概有4500个，现在专家们能读懂的大概有三分之一，还有将近3000个文字的秘密有待破解。

很多其他古文明的文字已经"死"了，而汉字延续了几千年一直在用，是一种"活"的文字，连接了中华民族的历史、现在和未来，被视为中华文化的"活化石"。

本级词

肚子 dùzi | belly

骨头 gǔtou | bone

疑问 yíwèn | question

怀疑 huáiyí | to doubt

未必 wèibì | may not

究竟 jiūjìng | on earth

一再 yízài | repeatedly

烧 shāo | to burn

考察 kǎochá | to investigate

确认 quèrèn | to confirm

系列 xìliè | series

附近 fùjìn | nearby

资料 zīliào | data

论文 lùnwén | paper

系统 xìtǒng | system

依靠 yīkào | to rely on

记载 jìzǎi | record

秘密 mìmì | secret

未来 wèilái | future

超纲词

收藏 shōucáng | to collect

本身 běnshēn | oneself

记忆 jìyì | memory

仔细 zǐxì | carefully

龟 guī | tortoise

甲 jiǎ | shell

兽骨 shòugǔ | animal bone

裂纹 lièwén | crackle

收购 shōugòu | to purchase

源头 yuántóu | source

根脉 gēnmài | root

有待 yǒudài | to remain to be done

破解 pòjiě | to analyse and explain

连接 liánjiē | to connect, to link

化石 huàshí | fossil

注释

中药 Zhōngyào

Traditional Chinese medicine (TCM) includes the use of herbal medicines, commonly known as "Zhong Yao" or "Chinese medicine". Chinese herbs are a fundamental component of TCM and have been used for thousands of years to treat a wide range of diseases and disorders.

练习

一、选词填空。

Fill in the blanks with the words given below.

A. 系列   B. 甲骨   C. 考察   D. 确认

经过他的进一步 _____，最终 _____ 这些 _____ 大多来自河南省安阳县，这才有了后来一 _____ 关于殷墟的故事。

二、根据文章判断正误。

Tell right or wrong according to the article.

（　　　）1. 1899年前，就有人发现了"龙骨"，但是不知道上面的符号是一种文字。

（　　　）2. 王国维曾研究甲骨文，并取得了一些成绩。

（　　　）3. 现在中国人还在使用甲骨文。

（　　　）4. 中国人都能认识1500个左右的甲骨文。

三、根据文章回答问题。

Answer the questions below according to the article.

1. 请说说王懿荣是怎么发现甲骨文的。

2. 请介绍一下你的国家使用的文字。

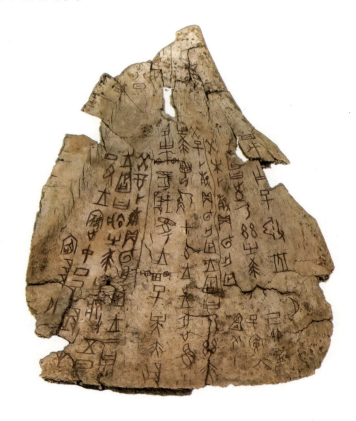

练习参考答案

1 梅兰竹菊四君子
　一、B　　D　　A　　C
　二、1. D　　2. D

2 高山流水遇知音
　一、B　　A　　D　　C
　二、1. D　　2. A

3 调皮的李白
　一、B　　A　　D　　C
　二、1. ×　　2. ×　　3. √

4 王羲之的墨池
　一、C　　B　　A　　D
　二、1. ×　　2. √　　3. ×

5 齐白石的虾
　一、D　　C　　A　　B
　二、1. ×　　2. √　　3. ×

6 《西游记》里跑出个美猴王
　一、C　　A　　B　　D
　二、1. A　　2. B

7 鲁迅的"早"字
　一、D　　A　　C　　B
　二、1. ×　　2. √　　3. √

8 莫言谈妈妈
　一、D　　A　　C　　B
　二、1. A　　2. A

9 北京故宫
　一、1. D　　2. A
　二、1. √　　2. √

10 苏州园林
　一、C　　A　　D　　B
　二、1. √　　2. √

11 国漫崛起
　一、D　　B　　A　　C
　二、1. √　　2. √

12 中国电影与金鸡百花奖
　一、B　　D　　A　　C
　二、1. B　　2. D

13 巩俐和白衬衫
　一、C　　D　　B　　A
　二、1. B　　2. C

14 甜蜜蜜的邓丽君
　一、C　　B　　A　　D
　二、1. √　　2. √　　3. ×

15 猫去哪里了
　一、1. C　　2. A　　3. B
　二、
　　牛　————　害怕
　　马　　　　　心虚
　　老鼠　　　　生气
　　猪　　　　　眼睛疼
　　羊　　　　　屁股疼
　　猴子　　　　饿

16 "玉"见文明
　一、B　　D　　A　　C
　二、1. ×　　2. ×　　3. √

17 酒中的文化
　一、D　　B　　A　　C
　二、1. ×　　2. √　　3. ×

18 但愿人长久
　一、B　　D　　C　　A
　二、1. B　　2. A

19 北国的冬天与冰雕艺术节
　一、C　　B　　D　　A
　二、1. ×　　2. ×　　3. √

20 中药里的发现
　一、C　　D　　B　　A
　二、1. √　　2. √　　3. ×　　4. ×

85

词汇表

版权声明

为了满足全球中文学习者的需求，我们在编写本套丛书时，对标《国际中文教育中文水平等级标准》，部分课文在已有文本的基础上稍作改动，以适应中文学习者的不同水平和阅读习惯。由于诸多客观原因，虽然我们做了多方面的努力，但仍无法与部分原作者取得联系。部分作品无法确认作者信息，故未署上作者的名字，敬请谅解。

国际中文的推广任重而道远，我们希望能得到相关著作权人的理解和支持。若有版权相关问题，您可与我们联系，我们将妥善处理。

编者

2023 年 10 月

图书在版编目（CIP）数据

文化中国 / 刘璟之编 . -- 上海：上海外语教育出版社，2024

（阅读中国·外教社中文分级系列读物 / 程爱民总主编 . 四级）

ISBN 978-7-5446-8015-8

Ⅰ.①文… Ⅱ.①刘… Ⅲ.①汉语—对外汉语教学—语言读物 Ⅳ.①H195.5

中国国家版本馆CIP数据核字（2024）第064461号

出版发行：**上海外语教育出版社**

（上海外国语大学内） 邮编：200083
电　　话：021–65425300 (总机)
电子邮箱：bookinfo@sflep.com.cn
网　　址：http://www.sflep.com
责任编辑：蔡燕萍

印　　刷：上海信老印刷厂
开　　本：787×1092 1/16　印张6.5　字数103千字
版　　次：2024年8月第1版　2024年8月第1次印刷

书　　号：ISBN 978-7-5446-8015-8
定　　价：36.00元

本版图书如有印装质量问题，可向本社调换
质量服务热线：4008-213-263